R. 1613
2.

DISCOVRS
DE L'HONNESTE AMOVR
SVR LE BANQVET DE PLATON:

PAR MARSILE FICIN
Philosophe, Medecin & Theologien tresexcellent.

A LA SERENISSIME
ROYNE DE NAVARRE.

Traduits de Toscan en François par GVY LE FEVRE
DE LA BODERIE Secretaire de Monseigneur
frere vnique du Roy, & son Interprete
aux langues Peregrines.

A PARIS,
Chez Iean Macé, demeurant au mont S. Hylaire à
l'enseigne de l'Escu de Bretaigne.
1578.
AVEC PRIVILEGE.

Extraict du Priuilege.

Par grace & priuilege du Roy est permis à Iean Macé, Libraire iuré en l'Vniuersité de Paris, imprimer ou faire imprimer vn liure intitulé, *Discours de l'honneste Amour sur le Banquet de Platon*, &c. Et est defendu à tous Imprimeurs, Libraires, ou autres de quelque qualité & condition qu'ils soyent, d'imprimer ou faire imprimer, ou exposer en vente autre que ceux que ledict Macé auroit fait imprimer, sur peine de confiscation desdicts liures qui se trouueroyent autrement imprimez, & d'amende arbitraire. Et ce iusques au temps & terme de six ans finis & accomplis, à commencer du iour & date que la premiere impression sera paracheuee d'imprimer. Ainsi que plus à plain est contenu audict priuilege, sur ce donné à Paris le 11. de Mars, l'an de grace 1578.

Ainsi signé par le Conseil

Le Cointe.

A LA SERENISSIME
ROYNE DE NAVARRE,
Marguerite de France, Fille, Seur,
& espouse de Roy.

MADAME, le diuin Platon, duquel la memoire est celebree en ce Banquet Philosophique, estant quelquefois interrogé iusques à quand il se fauldroit arrester à ses sentences & graues enseignemens, respondit en ces termes: Iusques à tant qu'en la terre apparoisse quelcun plus sainct & sacré, qui enseigne la voye de verité que tous ensuyuent. Ce que Marsile Ficin autheur du present discours a interpreté comme Oracle Prophetique se deuoir entendre de nostre Seigneur Iesus Christ, qui de toute Eternité a esté & est la Sapience eternelle de Dieu le Pere, & qui en la plenitude des temps par le sacré mystere de l'Amour eternel & diuin a voulu vestir le manteau de nostre humanité, laquelle il a prise au Sacraire & Tabernacle de la trois fois heureuse Vierge MARIE, de laquelle le beau nom retourné ne sonne rié que AYMER. Comme il me souuient auoir chanté en quelque Stance d'vn mien Cantique,

EPISTRE.

Bel est le nom de IESVS le Sauueur,
Mais celle-là qui a eu la faueur
D'attirer à soy
L'Amour, l'Aymé, l'Amant,
A eu du grand Roy
Des beaux esprits l'Aymant
Nom conuenable, & de merite orné,
Car en MARIE AIMER est retorné.
Aimer à fait le Salut reclamer,
Voyla le bien qui vient de bien-aimer.

Iceluy donques estant apparu en terre nous a monstré le chemin de la verité, que tous doyuent ensuyure: ainçois comme il tesmoigne de soymesme, il a esté la voye, la verité, & la vie. Et pourtant c'est bien raison que nous aprenions de luy plustost que de Platon, ny de quelcõque autre Philosophe, les discours du vray, syncere, & parfait Amour, & le moyen de bien aymer. Ie dy cecy nõ pour improuuer du tout les Harangues de Platon, & beaucoup moins le Traité de Marsile Ficin sur ceste matiere d'Amour, mais afin que tous à vostre imitation apprennent que c'est de luy proprement, & de sa doctrine saincte, qui n'est qu'amour & charité inspiree de l'Amour mesme, qu'on doit puiser les enseignemens pour deuenir vrais & loyaux amoureux. Or comme ce festin & Banquet Platonique fut autrefois celebré en somptueux & Magnifique appareil par neuf personnages segnalez, & excellents en toutes vertus & doctrines soubs l'authorité & aueu du magnifique & Illustre LAVRENT DE MEDICI, à la mode & façon de la Toscane: ainsi Madame, sous l'aueu & par le cõmandemẽt de vostre Serenißime Maiesté il se verra de rechef instruict

EPISTRE.

& dressé à la Françoise des propres mets & viandes spirituelles qui autresfois y furent seruies: ausquelles tant s'en faut que le long temps, qui s'est écoulé depuis, ait apporté quelque empirance: que pluftost au reply d'vn siecle elles ont conserué & augmenté le premier goust & saueur: de forte qu'elles pourrot maintenant, aussi bien que iamais, satisfaire à tout appetit & palais non depraué de mauuaises meurs, ny humeurs: & bien prinses se conuertir en bonne & salubre nourriture des Ames de l'Amour vray faintement enamourees. Ceste façon de Banquet Philosophique iadis entre les hommes doctes estoit fort celebre & accoustumee, ainsi qu'on peut recueillir non seulement de ce present Discours, mais aussi de Plutarque & d'Athenée, autheurs Grecs de premiere marque: laquelle fut renouuellee & remise sus ensemble auec les bonnes lettres, auparauant enseuelies en la Barbarie, par la faueur de la tres-illustre maison, & pour ce fait à iamais memorable & recommandable à la Posterité des Ducs de Medici: entre la fleur des bons esprits florissans pour lors à Florence. Maintenãt à leur exemple sous l'aueu de vostre Maiesté, Madame, qui des deux parts estes extraite des deux premieres maisons, ausquelles auant toutes autres, appartient l'honneur du restablissement des bonnes lettres, par l'ayde de la Bonté diuine elle pourra desormais estre continuee & entretenue de bien en mieux. Et vueille Dieu, que non plus en memoire de la naissance & du trespas de Platon, iadis vrayemẽt digne, si quelque autre Philosophe l'a esté, de tant honorable tesmoignage: mais bien en souuenance & recordation de la Naissance & Mort admirable du parfait autheur & & d'Amour & de vie, se puisse à iamais perpetuer ceste

EPISTRE.

loüable façon de discourir, non de l'origine d'Amour à la Platonique seulement, ny des quatre sortes de rauissement d'esprit dont est faite mention en ce Traité: mais de l'origine eternel, & temporelle naissance du vray Amour à la Chrestienne, & de la parfaicte extase & rauissement de Pensee, par lequel les Ames fidelles enamourees sont abstraictes & esleuees iusques au baiser sacré du parfait Amant: duquel le Roy qui porta le nom de Pacifique entre les Hebrieux chãtoit iadis en ceste maniere: Qu'il me baise, & qu'il me touche, du sainct baiser de sa bouche. Des effets & de la puissance merueilleuse de cest Amour diuin, à l'imitation du grand Hierothee, & de nostre Sainct Denys en mes Cantiques Spirituels i'ay quelque fois chanté les vers qui ensuyuent:

Hommes mortels heureux si d'Amour mutuelle
Par ensemble conioins sans enuie & querelle,
Et de franche amitié sans fraude & sans amer
Debonnaires & doulx ils se vouloyent aymer.
Lors reuiendroyent icy toutes choses changees,
Les bons Siecles dorez, sans noises mélangees:
Lors rien ne desaudroit, en paix & en santé
Les hommes ioüiroyent de tous biens à planté:
Les richesses de gré ruisseleroyent écloses,
Et tous hômes contés auroyét lors toutes choses.
Car tous n'auroyent qu'vn cueur, tous vn mesme vouloir,
Et l'vn ne se pourroit d'vn autre homme douloir.
La sacre fin de l'or, l'auarice gouluë
De tousiours aquerir, la volupté polluë,
Les embusches, le dol, les larcins, & le soin

EPISTRE.

D'entre tous les humains seroyent banis au loin.
Car tous de s'éiouir auroyent lors cause mesme,
Mesme de se douloir, vn seul salut supreme
Et vn peril à tous, vn seul labeur commun,
Et tous triompheroyent de la gloire comme vn.
La race des mortels seroit sans tant de cures,
Toutes choses seroyent entre les hommes seures,
Ils viuroyent asseurez sans meurtres ou efforts,
Et les foibles n'auroyent à creindre les plus forts:
Lors la Paix floriroit par tout en euidence,
Et tout plein couleroit le cornet d'abondance:
Voila les fleurs, les fruits, l'entretien, & le cours
De charité, de paix, de l'Amour des Amours.
 C'est cet Amour doré qui dõne à tous les hom-
  mes
Tout cela qui leur sert, c'est luy par qui no⁹ sõmes,
Luy par qui nous naissons, luy par qui nous viuõs,
Luy par qui reposons, & par qui nous mouuons.
C'est l'Amour seul lequel nous fait de Dieu preséte
La grace & la faueur, & de mal nous exemte:
Voire encor la faueur, la grace & le support
Duquel nous iouïssons, & qui d'vn lien fort
Nous ioint le Dieu amy, ou nous donne matiere
Repurgez de noz maux r'entrer en grace entiere,
N'est rien sinon Amour: & la Diuinité
C'est cet Amour, ce Dieu triple en son vnité
Qui par tout est diffus. l'Amour tout lie & serré,
Il meut le ciel, le Feu, l'Air, les Eaux, & la Terre,
Tout-puissant, le Repos des hommes & des Dieux
Qui confit tout en miel, & n'a rien d'odieux.

EPISTRE

Voila, Madame, quelques marques des effects & de la puissance de l'honneste & sainct Amour, duquel philosofiquement est discouru en ce delicieux Banquet. Quant à l'Amour vulgaire, c'est vn subiet si commun, & tant demené par noz Poëtes, qu'il semble, comme a bien dit quelcun d'entre eux, que iusques icy c'ait esté la Philosofie de France, chacun à qui mieux mieux s'employât à y rapporter du tout les belles & gentilles conceptions de son esprit. Mais i'espere que desormais telles viandes leur apporterôt ennuy, & chercheront de se ragouster en tels mets que ceux qui sont presentez en ce festin, quãd ils verront que vostre maiesté se plaist & delecte aux plus doulces & sauoureuses viandes de l'ame, desquelles estant rassasiee elle demeure tousiours en son appetit, & en acquiert vne nourriture & temperamẽt salubre & salutaire. A cela Dieu, la raison, la bonne nature, & l'Amour mesme vous inuite, voire mesme l'excellence de vostre propre nom vous y semond,

 Car l'Amant, l'Aymé, l'Amour mesme
 Qui est le Dieu vnique en trois,
 Vous faisant par grace supreme
 Fille, Seur, & Femme de Rois,
 Au triple rond de la coronne
 Qui vostre beau chef enuironne
 A graué par certaines lois
 En lettres d'or ce beau retour,
 En MARGVERITE DE VALOIS
 GISE LA VERITE D'AMOVR.

Ie prie Dieu, Madame, qu'il vous donne auecques tant de perfections tout accroissement de prosperité, De Paris cet xi. iour de Mars 1578.

 Vostre tres-humble & tres-obeissant seruiteur
 Guy le Féure de la Boderie.

MARSILE FICIN, A BERNARD DEL NERO, ET Antoine Manetti, Salut.

Es hommes ont accoustumé, apres lōgue vsance, de faire bien les choses que generalemēt & souuent ils font, & d'autant plus qu'ils les frequentent les faire mieux. Ceste regle par nostre folie, & à nostre misere se pratique en l'amour. Tous continuellement nous aymons en quelque maniere, & presque tous nous aymons mal: & d'autant que plus nous aymons, d'autant pis aymons nous. Et si vn entre cent mille ayme droitement,

A

parce que ce n'eſt pas le commun vſage, on n'en croid rien. Ceſte monſtrueuſe erreur (à noſtre malheur) nous auiét par-ce que temerairemét nous entrons en ce laborieux voyage d'amour auant que nous apprenions ſon but & terme, & la maniere de cheminer les perilleux paſſages de telle voye: à ceſte cauſe d'autant plus que nous allons en auant, d'autāt plus (ah miſerables que nous ſommes) nous nous fouruoyons à noſtre grand dommage. Et importe d'autant plus de ſe deuoyer par ceſte foreſt obſcure que non par les autres voyages & ſentiers, comme en plus grand nombre & plus ſouuent on y chemine. L'amour ſouuerain de la Prouidence diuine pour nous reduire à la droicte voye par nous delaiſſee & oubliee, ia dés le ſiecle antique inſpira en la Grece vne treſchaste Dame nommee Diotime prestresse Payenne: laquelle comme inspiree de Dieu, trouuant le Philosophe Socrate sur tout addonné à l'amour, luy declara quelle chose c'estoit que cest ardēt desir, & par quelle voye aussi nous pouuions tomber au souuerain mal, & par quelle voye ansli nous pouuiōs mõter au biē supreme. Socrate reuela ce sacré mystere à nostre Platon. Platon Philosophe, sur tous autres excellent en pieté & religion, soudain en cōposa vn liure pour le remede des Grecz. Et moy pour le remede des Latins ay traduit le liure de Platon de Grec en Latin: & conforté de nostre Magnifique LAVRENT DE MEDICI, ay commenté les mysteres qui se trouuoient les plus difficiles au liure susdit: & afin que ceste salutifere manne enuoyee du ciel à

A ij

Diotime soit commune & facile à plus de personnes, i'ay traduict de langue Latine en Toscane lesdicts mysteres Platoniques ensemble auec mon Commentaire. Lequel volume i'addresse principalement à vous BENARD del NERO, & ANTOINE Manetti, mes tref-chers amis: parce que ie suis certain que vous receurez auecques amour l'amour que vostre Marsile Ficin vous enuoye: & donnerez entendre à quelcõque personne qui presumeroit de lire ce liure auecques negligence, ou auec hayne, qu'à iamais il n'en sera capable. Parce que la diligẽce de l'amour ne se comprend point auecques la negligence, & l'amour mesme ne se prend point auecques la haine. Le S. Esprit amour diuin, lequel inspira Diotime, nous illumine l'entendement, & embrase la volonté, de sorte

5

que nous l'aymions en toutes ses œuures belles, & depuis que nous aymions ses œuures en luy, & iouyssions infinimēt de son infinie beauté.

COMMEMTAIRE DE MAR-
sile Ficin Florentin sur le Banquet de Platon.

PREFACE.

PLATON pere des Philosophes ayant accomply le 81. an de son aage, le 7. de Nouembre, auquel iour il estoit né, séāt à table, les viandes estans leuees, finit sa vie. Ce Banquet, auquel est pareillement contenue la natiuité & la fin d'iceluy Platon, a esté celebré de tous les anciēs Platoniques par chacun an iusques au temps de Plotin & de Porfire. Mais depuis Porfire M. CC. ans se sont escoulez, & mises en

Occasion ce discours

A iij

oubly ces solénelles viādes. Finablemét en nostre temps, le tres-fameux LAVRENT DE MEDICI, voulāt renouueller le Banquet de Platon, en donna la charge à Françoys Bandin. Cōme ainsi fust dōques que le Bandin eust ordonné d'honnorer le VII. de Nouembre, ayant conuié neuf Platoniques, les receut auec Royal appareil au village de Caregge. Ceux cy furent M. Antoine De gli Agli, Euesque de Fiesole, M. Ficin Medecin, Christofle Landin Poëte, Bernard Nuti Rhetoricien, Thomas Benci, Iean Caualcanti nostre familier, lequel pour la vertu de son cueur, & pour sa tref-noble apparēce estoit des conuiez nommé Héros, deux des Marsupins Christofle & Charles, fils de Charles Poëte. Finablement le Bandin voulut que ie fusse le neufiesme, afin que Marsile

Ficin estát adiousté aux dessusnommez, le nombre des Muses y fust recueilly. Et lors que les viandes furent leuees, Bernard Nuti print le liure de Platon qui est intitulé le Bãquet d'amour, & d'iceluy Banquet leut toutes les Oraisons, lesquelles leuës, il pria tous les autres conuiez, que chascun en voulust exposer vne. A quoy faire tous s'accorderent, & auint que par sort la premiere Oraison de Fedre escheut à exposer à Ieã Caualcanti: L'Oraison de Pausanias à Anthoine Theologien: celle d'Erissimaque Medecin à Ficin Medecin: & semblablement d'Aristofane Poëte à Christofle Landin Poëte, & ainsi de celle du ieune Agathon à Charles Marsupin: à Thomas Benci fut donnee la disputation de Socrate: la derniere d'Alcibiade à Christofle Marsupin. Ce sort &
A iiij

uins. Lequel au parauant non seulement des choses celestes, mais aussi des terrestres se disoit estre tres-ignorant. De l'esprit duquel Platon prenoit si grand plaisir, qu'il enuoya les premiers fruits de ses estudes à Fedre: à cestuy est addressé le premier liure de Platon, qui traicte de la beauté, lequel se nomme Fedre. Comme ainsi soit donques que i'aye esté iugé semblable à Fedre, non certainemēt de moy, parce que ie ne m'attribue pas tant, mais bien de la rencontre du sort, laquelle chose a esté de vous approuuee, auecques ces heureux augures, en premier lieu, i'interpreteray volontiers son oraison, & depuis ce qui touchoit à l'Euesque, & au Medecin, selon la faculté de leur esprit, ie le mettray à executiō. Trois parties en chasque chose considere chasque Philosophe Platonique, à

Trois choses considerables en chasque subiet.

sçauoir, de quelle nature sont telles choses, que c'est qui les precede, de quel naturel sont celles qui les accōpaignent. Et ainsi de celles qui suyuent apres. Et s'il approuue que telles choses soyent bonnes, il louë tel subiect, & ainsi au contraire. Celle est doncques louenge parfaicte laquelle raconte l'antique origine de la chose, recite la forme presente, & demonstre les fruits auenir. Des premieres parties chascune chose se louë pour la noblesse : des secondes pour la grandeur : des tierces pour l'vtilité. D'autant que par ces trois parties sont encloses aux louanges, ces trois choses, noblesse, grandeur, & vtilité. A ceste cause nostre Fédre ayant principallement contemplé la presente exceléce d'Amour, l'appelle GRAND DIEV. Et aiouste, Aux hommes & aux Dieux digne d'ad-

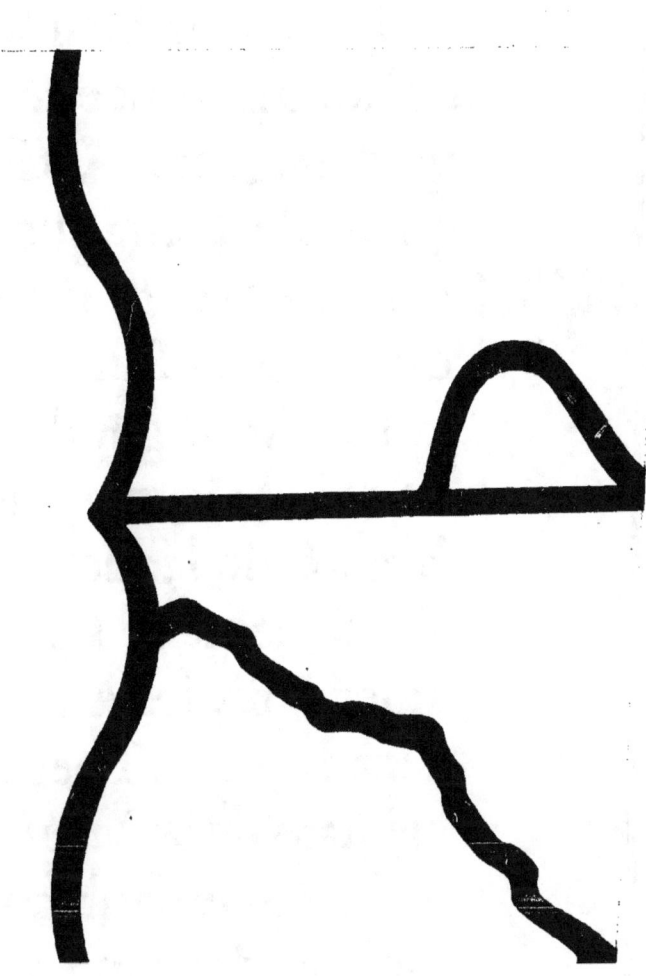

Texte détérioré — reliure défectueuse

NF Z 43-120-11

miration. Celuy vrayemét est grãd, à l'Empire duquel tous les hommes & tous les dieux, ainsi qu'on dit, se soumettent: par-ce qu'alendroit des antiques aussi bien les Dieux cóme les hommes ont esté énamourez. Ce qu'enseignent Orfee & Hesiode quand ilz disent, que les entendemés des hommes & des Dieux ont esté domptez de l'amour. Il est dit encores estre digne d'admiration, parce que chascun ayme la chose, de la beauté de laquelle il s'esmerueille. Certainement les dieux, ou pour mieux dire les Anges, comme veulent dire noz Theologiens, s'esmerueillans de la Beauté diuine l'aymét & auient le semblable, aux homme de celle des corps. Ceste àlaverité, e louange d'amour, qui se tire de presente excellence qui l'accompa gne. Depuis des parties qui le prec

Hommes & Dieux vaincus d'amour.

dent Fedre le louë, quand il afferme Amour estre le plus antique de tous les dieux: là où resplendit la noblesse d'amour quand on recite sa premiere origine. Tiercement il le louera des choses qui ensuyuët, en quoy apparoistra sa merueilleuse vtilité. Mais en premier lieu, nous disputerons de son antique & noble origine, & puis apres de son vtilité future.

DE L'ORIGINE D'AMOVR.

CHAP. II.

RFEE en l'Argonautique imitant la Theologie de mercure Trismegiste, quãd il chanta des principes des choses en la presence de Chiron & des Heroës, c'est à dire des hommes angeliques, met le Chaos deuant le monde, & deuant Saturne, Iupiter, & les autres dieux. Au sein d'icelluy

L'Amour au sein du Chaos: & Chaos auant le monde.

Chaos, il loge l'Amour disāt Amour estre tresantique, par soy mesme parfaict, de grand conseil. Hesiode en sa Theologie, & Parmenide Pythagorique au liure de la Nature, & Acusilee Poëte s'accordent auecques Orfee & Mercure. Platon au Timee semblablement descrit le Chaos, & en iceluy met l'Amour, & cecy mesme au Banquet raconte Fédre. Les Platoniques appellent le Chaos le monde sans forme: & disent le mōde estre vn chaos de forme depeint. Ils mettent trois mondes. Trois encores seront les Chaos. Premier que toutes les choses est Dieu autheur de toutes, lequel nous appellons le Bien. Dieu premierement crea la Pensee Angelique, puis l'Ame du mōde, comme veult Platon: & pour le dernier le corps de l'Vniuers. Iceluy Dieu supreme n'est pas appellé

Trois mondes selon les Platoniques.

Monde, parce que le monde signifie ornement de plusieurs choses composé : & Dieu doibt estre entédu du tout simple. Mais bien ils afferment qu'icelluy Dieu est principe & fin de tous les mondes. La Pensee Angelique est le premier monde faict de de Dieu. Le second est l'ame de l'vniuers. Le tiers est tout cest edifice que nous voyons. Certainement en ces trois mondes encores se cõsiderent trois chaos. Au commencemét Dieu crea la substance de la Pensee Angelique, laquelle nous aussi appellons essence. Ceste-cy au premier moment de sa creation est sans forme, & tenebreuse: mais d'autát que elle est née de Dieu, par vn certain appetit enné, elle se retourne & reploye à Dieu son principe: se retournant à Dieu, elle est illustree de son rayon, & par la splendeur de tel rayõ s'ébrase son appetit: embrasé, il s'approche tout de Dieu: approché, il prēd les formes. Parce que Dieu qui tout peut en la Pēsee qui se cōioint à luy, engraue les natures de toutes les choses qui se creent. En icelle donc spirituellemēt se depeignent toutes les choses qui sont en ce monde. Là sont les Sferes des Cieulx, & des élements, là les Estoilles, là les natures des vapeurs, les formes des pierres, des metaulx, des plantes & des animaulx s'engendrēt. Que ces especes de toutes les choses par l'ayde diuin conceües en ceste Pensee supernelle ne soyent les Idées nous n'en doubtons point: & l'Idee des Cieux souuentesfois nous l'appellons le Dieu Ciel: & la forme du premier Planette Saturne: & du second, Iuppiter: & ainsi semblablement on procede aux Planettes qui ensuyuent enco-

Que c'est que les Idees.

res l'Idee de l'Element du Feu se nõme le Dieu Vulcan: celle de l'Air, Iunon: celle de l'eau, Neptune: & de la terre, Pluton. Pourtant tous les dieux assignez à certaines parties du monde inferieur, sont les Idées de ces parties viues & recueillies en la Pensee supernelle. Mais auant que la Pẽsee Angelique receust de Dieu parfaictement les Idees, elle s'aioignit à luy: & auant qu'à luy s'aioindre, ja son appetit estoit embrasé de s'y aioindre. Et auant que son appetit s'embrasast, elle auoit receu le ray diuin. Et auant que de telle splendeur elle fust capable, son appetit naturel s'estoit ja retorné à Dieu, son principe. Et auant qu'à luy elle se retournast, son essence estoit sans forme, & tenebreuse: laquelle essence estant encores priuee de forme, nous voulons que ce soit certaine-

B

ment vn Chaos. Et son premier retour à Dieu, est la naissáce d'Amour, l'infusion du ray diuin est le nourrissement d'Amour: l'embrasement qui s'en ensuit se nóme de l'Amour l'accroissance: l'approchemēt à Dieu, est l'impetuosité d'Amour: sa formation est la perfection d'Amour: & l'vnissemét & recueil de toutes les formes & idees, les Latins l'appellent Monde, & les Grecs Cosmos, qui signifie Ornement. La grace de ce móde & de cest ornement est la Beauté, à laquelle, incontinent que l'amour fut né, il se retira & conduisit la pensee Angelique, laquelle estāt de soymesme laide, par son moyen deuint belle. Pourtant telle est la condition d'Amour, qu'il rauit les choses à la Beauté, & conioinct les laides aux belles. Qui doutera doncques que l'Amour n'ait suyuy soudainemēt le

Chaos, & qu'il ne soit premier que le monde, & que tous les Dieux, qui sont à toutes les parties du monde distribuez? Consideré que cest appetit de la pensee est deuant sa formation: & en la pensee formee naissent les Dieux & le Monde. A bon droict donques cestuy a esté nommé d'Orfee TRES-ANTIQVE & d'abondāt, PAR SOYMESME PARFAICT: cōme s'il vouloit dire qu'à soymesme il donne perfection. Parce qu'il semble que ce premier instinct de la Pensee par sa nature attraye la perfection de Dieu, & icelle donne à la Pensee laquelle y prend ses formes, & que semblablement il face aux Dieux qui de là s'engendrent. DE GRAND CONSEIL, & raisonnablement, comme ainsi soit que la Sapience dont premierement deriue tout conseil, soit attribuee à la Pen-

Belle comparaison du Soleil & de Dieu, de l'œil et de l'entendement.

see Angelique: d'autant qu'icelle par amour se retourne vers Dieu, & resplendit par son ineffable rayon. Non autrement se dresse la Pensee enuers Dieu, que fait l'œil enuers la lumiere du Soleil. L'œil premierement regarde: puis apres ce n'est autre chose que la lumiere du Soleil que ce qu'il void. Tiercement en la lumiere du Soleil il compréd les couleurs & les figures des choses. Ce qui se fait parce que l'œil premierement obscur & informe, à la semblance du Chaos ayme la lumiere pendant qu'il la regarde, & regardant prend les rayz du Soleil: & les receuant s'informe des couleurs & des figures des choses. Et ainsi comme icelle pensee tout soudain qu'elle est sans forme nee, se torne à Dieu, & là s'informe, semblablemét l'Ame du móde vers la Pensee & Dieu, d'où elle est engendree se replove: & bien qu'au cómécemét

elle soit Chaos, & nue de formes: neātmoins s'estant dressee par amour vers l'Angelique Pensee, prenant les formes d'icelle, elle deuient Monde. Nō autremēt la matiere de ce mōde par l'amour enné se tourne & dresse de fait enuers l'Ame, & à luy traittable se dispose. Et bien qu'icelle à son cōmencemēt sans ornement de formes, fust vn Chaos non formé: neātmoins par le moyē de tel amour, elle reçoit de l'Ame l'ornemēt de toutes les formes, qui se voyent en ce monde. Et ce faisant de Chaos elle est deuenue monde. Dōques trois mōdes, & trois Chaos, se considerēt. Fi-*Trois Chaos*
nalemēt en tous l'Amour accōpagne *comme trois Mondes.*
Chaos, & precede le monde, excite les choses qui dorment, illumine les tenebreuses : donne vie aux choses mortes: forme les non formees, & donne perfection aux im-

B iij

parfaictes. Outre lesquelles louëges nulle plus grande ne se peut dire ou penser.

DE L'VTILITE D'AMOVR.
CHAP. III.

IVSQVES icy nous auons parlé de son origine & noblesse. l'estime qu'il est maintenant temps de disputer de son vtilité. Et certainement il seroit superflu de raconter tous les benefices q̃ l'Amour apporte à toute la generation humaine, mesmemét les pouuans tous reduyre en vn bref sommaire. Parce que l'office de la vie humaine consiste et ce poinct, c'est que nous nous eslongnions du mal, & nous approchions du bien. Le mal de l'hõme est, ce qui est deshonneste, & ce qui est son bien est ce qui est honneste. Sans doubte toutes les Loix & disciplines ne s'efforcent pour autre fin que pour dōner aux hommes telles institutions de vie, qu'ils se gardēt des choses viles & deshonnestes, & mettent les honnestes à execution. A quoy peuuent à peine atteindre finablement apres long espace de temps les loix & sciences presque innumerables: & icelluy simple Amour en bref le met à effect. Parce qu'il met en arriere la vergongne des choses laides: & le desir de l'estre excellent attire les hommes aux choses honnestes. Les hommes ne peuuēt obtenir ces deux choses auecques plus grande facilité & promptitude par autre moyen que par Amour. Or quand nous disons Amour, entēdez le desir de Beauté: parce que telle est à l'endroit de tous les philosophes la diffinition d'Amour, & la Beauté est

L'Amour fait obseruer les sainctes loix.

Amour est le desir de Beauté.

Trois sortes de Grace ou Beauté.

vne certaine Grace, laquelle principallement & le plus souuent naist de la correspondance de plusieurs choses. Laquelle correspondance est de trois sortes. Parce que la Grace, qui est és ames, est par la correspondance de plusieurs vertus. Celle qui est és corps naist par la concorde de plusieurs couleurs & lignes. Il y a encor vne fort grande grace és sons par la consonance de plusieurs voix. Donques la Beauté est de trois manieres, c'est à dire, des ames, des corps, & des voix. Celle de l'Ame se cognoist seulement auecques l'entendement: Celle des corps auec les yeux. Celle des voix ne se comprend point auec autre chose qu'auec les oreilles. Cõsideré donques que l'entendemẽt & la veuë, & l'ouye sont les choses auecques lesquelles seules nous pouuons iouyr d'icelle Beauté: & q̃ l'Amour est desir de iouïr de la Beauté: l'Amour tousiours est côtent de la pensee, des yeux, & des oreilles. Or que luy est-il besoing de flairer, de gouster, ou de toucher, attendu que tels sens ne sont autre chose qu'odeurs, saueurs, chauld & froid, mol & dur, ou semblables choses? Doncques aucune de ces choses, puis qu'elles sont simples formes, n'est la beauté humaine. Mesmemēt consideré que la Beauté du corps humain requiert vne concorde de membres diuers, & l'Amour regarde la ioüissance de la Beauté, comme son but & fin. Ceste seulement appartient à la Pensee, à la veuë, & à l'ouye. Doncques l'amour se borne & termine en ces trois choses. Et l'appetit qui suit les autres sens, nō Amour, mais plustost se nōme desir libidineux, ou rage. En oultre si l'Amour enuers l'hōme desire la beauté humaine, & la beauté du corps humain consiste en vne certaine correspondance, & la correspondance est vne certaine temperãce: s'ẽsuit que l'Amour n'appette autre chose, sinon celles qui sont temperees, modestes, & honorables. Si que les plaisirs du goust & du touchement qui sont volupté, c'est à dire, plaisirs tant veheméts & furieux, qu'ils chassent l'entendement de son propre estat & repos, & pertroublét l'homme, tãt s'en fault que l'Amour les desire, que plustost il les a en abomination : & les fuit, comme choses qui par leur intemperance sont contraires à la Beauté. La rage Veneriéne, c'est à sçauoir, la luxure, tire les hõmes à l'intemperance, & par consequent à la non-correspondance. Ce qui par semblable semble tirer à la deformité, c'est à dire, à laideur & deshonnesteté, & amour à la Beauté.

La deformité & la beauté sont contraires. Doncques ces mouuemens qui nous rauissent à la deformité, & à la beauté, apparoissent aussi estre entre eux contraires. A ceste cause l'appetit de l'embrassement & l'Amour, non seulement ne sont pas mesmes mouuements: mais aussi se demôstrent estre contraires. Ce que tesmoignent les antiques Theologiens, lesquels ont attribué à Dieu le nom d'Amour. Laquele chose encor les Theologiens Chrestiens souuerainement côferment: & aucun nom commun auecques les choses deshonnestes n'est à Dieu conuenable. Et pourtant chacun, qui est de sain entendement, se doibt garder que l'amour, nom certainement diuin, ne soit sottement transferé aux folles perturbations. Soit doncq honteux Dicearque & quelconque au-

Le nom d'Amour attribué à Dieu.

tre d'oser reprédre la majesté de Platon d'auoir trop atrribué à l'Amour. Car aux affections honnestes, honorables & diuines, tant s'en fault que nous puissions trop attribuer, que nous n'y sçaurions pas atteindre à suffisance. D'icy naist que tout Amour est honneste, & tout Amoureux est iuste: par-ce q̃ tout Amour est beau & bien-seant, & aime proprement les choses qui luy sont semblables. Mais l'embrasement effrené, duquel nous sommes tirez aux actes lascifs, comme ainsi soit qu'il tire à la deformité, il se iuge estre contraire à la Beauté. Afin doncques que nous retournions quelquesfois à l'vtilité d'Amour, la crainte de l'infamie qui nous eslongne des choses deshonestes, & le desir de la Gloire qui nous rend chauds & hardis aux entreprises honorables promptemẽt & allerenient procedent de l'Amour. Et premierement d'autāt que l'Amour appete les choses belles, tousiours il desire les louables & magnifiques: & qui a en hayne les deformes, il est necessaire qu'il fuye tousiours les deshonnestes & laides. D'auantage si deux ensemblement s'entrayment & se respectent l'vn l'autre auecques diligence, & desirent de se pouuoir plaire mutuellement: entant que l'vn est de l'autre respecté, comme ceux qui ne manquent iamais de tesmoignage, tousiours ils se gardent des choses deshonestes: entant que chacun s'efforce de complaire à l'autre, tousiours auecques toute sollicitude & diligence ils se mettent entre les magnifiques, afin qu'ils ne soient pas en mespris de la chose aimee, ains soient estimez dignes d'amour reciproque. Or Fedre demōstre copieu-

Trois exemples d'Amour.

sement ceste raison, & met trois exemples d'Amour, l'vn de la femelle
enamouree du masle, où il parle d'Alceste femme d'Admete, laquelle fut
contente de mourir pour son mary,
lautre de masle enamouré de femelle, comme fut Orfee d'Euridice.
Le tiers d'homme à homme, comme
fut Patrocle d'Achille: là où il demóstre qu'il n'y a chose aulcune qui tant
que l'Amour rède les hommes forts.
Mais nous ne rechercherós pas pour
le present l'Allegorie d'Alceste ou
d'Orfee: par-ce que ces choses, les
recitant comme histoires, monstré[t]
beaucoup plus la force & l'empire
d'Amour, que non pas en les voulan[t]
dóner á tels sens allegoriques. Dóc-
ques nous confessons du tout, qu'A-
mour est vn grand Dieu & admirable: & encores noble & tres-vtile: &
de telle maniere trauaillons à l'A-

mour que de sa fin, qui est la Beauté, nous puissions demeurer contents. On iouït de ceste Beauté auecques celle partie seulement par laquelle elle est cognue : par l'entendement, par la veue, & l'ouye nous la cognoissons. Donques aueques ces trois nous en pouuós iouïr auec les autres sens, non la Beauté, laquelle desire Amour, mais plustost nous possedons quelque autre chose dont le corps a besoing. Doncques auecques ces trois nous chercherons la Beauté : & par celle qui se monstre es corps, ou es voix, comme par certaines traces, c'est à dire, moyen conuenable, nous rechercherons celle de l'Ame. Nous louërons la corporelle, & icelle approuuerós: & tousiours nous efforcerons d'obseruer qu'aussi grand soit l'Amour comme est grande la Beauté : & où non l'Ame, mais seulement le corps seroit beau, icelluy aymerõs-nous comme ombre & caduque image de la Beauté, c'est à dire, legerement & sans nous y arrester. Là où seulemét l'Ame seroit belle, lors aymons ardemment ce perpetuel ornement de l'Ame. Et où l'vne & l'autre Beauté se rencontreroit ensemblement, vehementement nous en prendrons admiration. Et ainsi procedant, nous demonstrerons en verité que nous sommes famille Platonique, laquelle certainement ne pense rien que choses gayes, celestes, & diuines. Or suffise de cecy quant à l'Oraison de Fédre, venons maintenant à Pausanias.

Oraison

ORAISON SECONDE.

DIEV EST BONTE, BEAVTE, ET Iustice: Commencement, Milieu, & fin.

CHAP. I.

Es Philosophes Pitagoriques veulent que le nombre Ternaire soit la mesure de toutes les choses. I'estime que l'occasiō en soit parce que auec le nombre de trois, Dieu gouuerne toutes choses: & les choses encores sont bornees & terminees aueques icelluy nombre Ternaire. De là vient ce vers de Vergile, Du nombre impair, Dieu mesme se delecte. Certainement ce souuerain autheur premierement crée toutes les choses; secondement les rauit à soy; tiercement leur donne parfection. Toutes choses principallemēt

Nombre Ternaire mesure de toutes choses.

pendant qu'elles naiſſent, ſourgeonnent de ceſte fontaine perennelle: puis elles retournent en icelles meſmes, quand elles requierent leur propre origine. En fin elles deuiennent parfaites quād elles ſont retournees en leur principe. Ce que diuinement a chanté Orfee, quand il a dit, Ioue eſt commencement, milieu, & fin du Monde. Commencement en ce qu'il produit toutes choſes: Milieu, entāt que depuis qu'elles ſont produictes il les tire à ſoy, Fin: entant qu'il les rend parfaictes, ce pendant qu'elles retournent à luy. Et pourtant pouuons nous nommer ce Roy de l'Vniuers Bon, & Beau, & Iuſte: comme ſouuent il ſe dit à lendroit de Platon, Bon, entant qu'il cree les choſes: entant qu'il les attrait, Beau: Iuſte, entāt que ſelon les merites de chaſcune il les fait parfaites. Doncques la Beauté

Dieu Bon, Beau, & Iuſte.

laquelle de sa nature tire à soy les choses, demeure entre la Bonté & la Iustice: & certainement elle naist de la Bonté & va à la Iustice.

COMME LA BEAVLTE DE
Dieu enfante l'Amour.

CHAP. II.

ET ceste espece diuine, c'est à dire la Beaulté, a procreé en toutes choses l'Amour, c'est a dire, desir de soy. Parce que si Dieu rauit le Monde, & le Monde est rauy de luy, il y a vn certain continuel attrait entre Dieu, & le monde: qui commence de Dieu, & passe par le monde, & finalement se termine en Dieu & comme par vn certain Cercle retourne d'où il est party, Si que c'est vn seul & mesme Cercle

C ij

que celuy de Dieu au monde & du monde à Dieu, & se nomme en trois manieres. Entant qu'il commence en Dieu, & qu'il attrait, Beauté: entant qu'il passe au monde, & qu'il rauit, Amour: entant que pendant qu'il retourne à l'Autheur, il se conioinct ses oeuures, Delectation. L'Amour doncques commençant de la Beauté, finit en Delectation. C'est ce que entend Hierothee & S. Denis Areopagite en ce bel Hymne, auquel ces Theologiens chanterent en ceste sorte.

L'Amour est vn Cercle.

Vn bon Cercle est Amour
Qui tousiours en son tour
Du bien au bien retourne.

Et est necessaire que l'Amour soit bon, comme ainsi soit que luy né du Bien s'en retourne au Bien. Parce qu'icelluy mesme Dieu est la beauté, lequel toutes choses desirent : & en la possession duquel toutes elles sont contenues, si que de là nostre desir s'embrase. Icy l'ardeur des Amants se repose, nõ parce qu'elle s'esteigne, mais parce qu'elle s'accomplit. Et nõ sans raison S. Denis compare Dieu au Soleil : parce que comme le Soleil illumine les Corps, & les eschauffe; semblablement Dieu concede aux ames lumiere de verité, & ardeur de charité. Ceste comparaison du VI. liure de la chose publique de Platon certainement se tire en ceste maniere comme vous orrez. Vrayement le Soleil cree les corps visibles & les yeux aussi auec lesquels il se void : & afin que les yeux voyent, il infond en eux vn esprit reluysant : & afin que les corps soyent veuz, il les depeint de couleurs. Mais pour le deuoir de veoir, ne suffisent pas ny le propre rayon aux yeux, ny les propres couleurs aux Coprs, sinō q̃ ceste lumiere qui est vne sur toutes lumieres (de laquelle plusieurs & propres lumieres sont distribuees aux yeux & aux corps) descende en eux, & les illumine, adresse, & augmente. En ceste mesme maniere le premier Acte de toutes choses, qui se nomme Dieu, produisant les choses a dōné à chascune especes & acte: lequel acte certainement est debile, & impuissant à l'execution des œuures: parce que de chose créee, & de patient subiet il a esté receu. Mais la perpetuelle inuisible vnique lumiere du Soleil diuin, par sa presence dōne tousiours à toutes choses confort, vie, & parfection. Dequoy a diuinemēt chanté Orfee, disant

Dieu l'Amour eternel toutes choses conforte.
Et sur toutes s'épand, les anime, & supporte.

Entant que Dieu est acte de toutes choses, & qu'il les augmente, il se nomme Bien. Entant qu'il les fait selon leur possibilité cointes, vigoureuses, douces & aggreables & autāt spirituelles qu'elles le peuuent estre, il se nomme Beaulté, en ce qu'il attrait ces trois puissances de l'Ame la pensee, la veueë, & l'ouye aux obiets qui doyuent estre connus, il s'appelle par les Hebrieux חוד יחדר Hod vehadar, par les Grecs τὸ χαλον, to Kalon, par les Italiés Vaghezza, ce que nous pouuons dire en françois Ornement & Bien-seāce. Et entant qu'estant en la Puissance, qui est apte & idoyne à congnoistre, il l'vnit & conioint à la chose connue, il se nóme verité. Finablement cóme Bien il cree & gouuerne, & donne parfection aux choses: cóme beau il les illumine, & leur donne Grace.

COMME LA BEAVTE EST SPLEN-
deur de la Bonté diuine: & comme Dieu est centre
de quatre Cercles.

CHAP. III.

Quatre Cercles Spirituels, ou Sferes Sferiques enuiron Dieu.

ET non sans cause les antiques Theologiens assirent la Bonté au Centre, & au Cercle ou circonferance la Beauté: l'vnique Centre de toutes les choses est Dieu: les quatre Cercles qui enuiron Dieu se retournent continuellement sont la Pensee, (que les Hebrieux appellent Nessamah, les Grecs νας, Nous, les Latins Mens, & les Italiens la mente) l'Ame, la Nature, & la matiere: la Pensee Angelique est vn Cercle stable: l'Ame, l'est par soy mobile: la Nature, en autruy, mais non par autruy se meut: la matiere non seulement en autruy, mais encores est d'autruy meuë. Or pourquoy cest que nous nommons Dieu Centre, & appellons ces autres quatre, Cercles, nous le declairerons. Le Cétre est vn point du Cercle stable & nõ diuisible, duquel plusieurs lignes diuisibles & mobiles vont à leur semblable Circonference. Laquelle circonference, qui est diuisible, se tourne au tour du Centre, non autrement qu'vn rond corporel se tourne au tour du Gond. Et telle est la nature du Centre, que combien qu'il soit vn indiuisible & stable : neantmoins en chasque partie de plusieurs lignes, ainçois de toutes les mobiles & diuisibles il se trouue: par ce qu'en toute partie de chasque ligne est le point. Mais parce que aulcune chose ne peult estre touchee de son dissemblable, les lignes qui võt de la Circonference iusques au Centre ne peuuent toucher ce point, sinõ auec vn de leurs points mefmement simple, vnique, & immobile. Qui denira que Dieu ne soit a bon droit appellé le Centre de toutes choses? Consideré qu'il est en toutes choses du tout vnique, simple, & immobile: & toutes les choses qui sont produites de luy, sont multiples, composees, & en quelque sorte mobiles: & comme elles sortent de luy, ainsi encor à la semblãce de lignes ou de circonferences, elles retournent en luy. En pareille maniere la Pensee, l'Ame, la Nature, & la Matiere, qui procedent de Dieu, s'efforcent de retourner en luy mesme, & de chascune partie aueques toute diligence l'enuironnẽt. Et comme le Centre se trouue en toute partie de la ligne, & en tout le Cercle: & toutes les lignes par leur point touchent le point qui est au milieu du Cercle; Semblablement Dieu qui est Centre de toutes les choses, lequel est vnité tres-simple, & Acte tres-pur, se met luy-mesme en toutes choses. Non seulemēt à cause qu'il est à toutes choses present: mais aussi par-ce qu'à toutes les choses creees de luy, il a donné quelque intrinseque partie, & puissance tres-simple & tres-excellente, qui se nōme l'Vnité des choses, de laquelle, & à laquelle, comme du Centre, & à son Cētre, toutes les autres puissances & parties de chasque partie dependent. Et certainemēt il est besoing que les choses creées se recueillent premieremēt, à cestuy leur propre Centre, & à ceste leur propre vnité, qu'elles s'aioingnēt à leur Createur: A celle fin que par leur propre Centre, elles s'ajoingnent au Centre de toutes les choses. La Pensee Angelique s'esleue en sa sureminence &

en son chef premierement qu'elle se guinde en Dieu. Ce que semblablemét font l'Ame, & les autres choses. Le Cercle du Móde que nous voyós est image de ceux qui ne se voyent point, à sçauoir de la Pensee, & de l'Ame, & de la Nature. Parce que les Corps sont ombres & traces de l'Ame & des Pensees. Les ombres & traces representét la figure de la chose, de laquelle elles sont traces & ombres. Et pourtant ces quatre choses à bon droit sont appellees quatre Cercles. Mais la Pensee est vn Rond immobile, parce que tant son operatió comme sa substance est tousiours icelle mesme: d'autant que tousiours elle tend à vne mesme sorte, & veut les mesmes choses. Et pouuós quelquefois appeller la Pésee mobile par vne seule occasion: parce que cóme toutes les autres choses elle procede de Dieu, & se reploye pour retourner en luy-mesme. L'Ame du Mõde & quelconque autre ame est vn Cercle mobile, d'autant que par sa nature non sans discours elle cognoist, ny sans espace de temps elle agit & œuure. Or le discours d'vne chose en autre, & l'operation temporelle, sans point de doubte nous l'appellons Mouuement. Et s'il y a quelque stabilité en la cognoissance de l'Ame, c'est plustost par le benefice de la Pensee, que par la nature de l'Ame. La Nature aussi se dit Cercle immobile. Quand nous disons Ame selon l'vsage des antiques Theologiés, nous entédons la puissance qui est posee en la Raison, & au sens de l'Ame: Quand nous disons Nature, par la s'entend la force de l'Ame apte a engendrer. Nous appellõs en nous propremét ceste vertu l'Homme: &

Que c'est que l'Ame, que c'est que Nature.

ceste autre, l'Idole & l'ombre de l'Ame. Ceste vertu d'engendrer certainement se dit mobile, parce qu'auecques espace de téps elle finit son ouurage. Et en ce, est elle differente de la proprieté de l'Ame, que l'Ame par soy & en soy se meut : par soy, dy-je, d'autant qu'elle est principe de mouuement : & en soy encores, parce que en la mesme substance de l'Ame demeure l'operation de la Raison & du Sens : & de cecy ne resulte au corps necessairement aucun ouurage : mais celle puissance d'engédrer que nous appellons Nature, se meut par soy-mesme, estant vne certaine puissance de l'Ame, laquelle Ame se meut par soy. Elle est dicte encor se mouuoir en autruy, parce que chacune sienne operation se finit & termine au corps nourrissant, augmentant, & engendrant le corps. Mais la ma-

47

tiere corporelle, est vn Cercle qui se meut d'autruy & en autruy. Ie dy d'autruy, parce qu'il est agité de l'Ame: Ie dy en autruy, parce qu'il se meut en espace de lieu. Or donques nous pouuons ouuertement entendre, pour quelle occasion les antiques Theologiens ont mis la Bonté au Cētre, & la Beauté au Cercle ou Circonference. La Bonté de toutes choses est vn Dieu: par lequel toutes elles sont bonnes. La Beauté est le Rayon de Dieu infus en ces quatre Cercles, qui enuiron Dieu se retournent. Ce Rayon depeint en tous ces quatre Cercles toutes les especes de toutes les choses: & nous nommons ces especes en la Pensee Angelique, Idees: en l'Ame, raisons: en la Nature, semences: & formes en la Matiere. Parce qu'és quatre Cercles quatre splendeurs apparoissent.

La bonté au Centre, la Beauté en la Circonferēce.

La splendeur des Idees, au premier:
la splendeur des raisons, au second:
la splendeur des semences au tiers:
& la splendeur des formes au dernier.

COMME PLATON S'EXPOSE
des choses diuines.

CHAP. 4.

Mystere de la Trinité designé par Platon.

PLATON designe ce mystere en l'Epistre au Roy Denys, quand il afferme que Dieu est cause de toutes les choses belles : Comme s'il disoit Dieu estre principe de toute la Beauté. Et dit ainsi : Enuiron le Roy de tout, sont toutes les choses : & à cause de luy toutes elles sont. Il est cause de toutes les choses belles. Les choses secondes sont enuiron le second: les tierces enuirõ le tiers. L'Ame de l'homme desire d'entendre quelles

quelles sont ces choses, regardant aux choses qui luy sont prochaines. Entre lesquelles aucune n'est suffisante. Mais enuiron d'icelluy Roy, & des choses que ie dy, il n'y a aucune chose telle: & ce qui est apres cecy, l'Ame parle. Ce texte s'expose en ceste maniere: ENVIRON LE ROY) Il signifie non dedans le Roy, mais hors du Roy: parce qu'en Dieu il n'y a composition aucune: & ce que signifie ceste parole ENVIRON) Platon l'expose quand il adiouste: Toutes choses sont à cause de luy, & icelluy est cause de toutes les choses belles. Comme s'il disoit ainsi: Enuiron le Roy de tout, toutes choses sont: d'autant qu'à luy, comme à leur fin, elles se retournent toutes par nature, ainsi que de luy comme principe, elles ont esté produites. De toutes les choses belles:) c'est à dire de toute la

D

Beauté: laquelle resplēdit és Cercles sus mentionnez. Pourautant que les formes des corps se reduysent à Dieu par les semences: les semences par les Raisons: les Raisons par les Idees: & aueques les mesmes degrez de Dieu se produisent. Et propremēt quand il dit, Toutes choses, il entēd les Idees: pourtant qu'en ce tout est enfermé le reste. Les secondes enuiron le second: les tierces enuiron le tiers. Zoroastre met & assigne trois principes du Monde, seigneurs de trois Ordres, Oromasin, Mitrin, Arimanin: lesquels Platō nomme Dieu, la Pensee, l'Ame. Et ces trois ordres met-il és especes diuines, c'est à dire Idees, Raisons, & Semences: Les premieres dōques, c'est à dire les Idees, enuiron le premier, c'est à dire, enuiron Dieu: parce que de Dieu elles sont donnees à la Pensee, & reduy-

Trois principes du Mōde selon Zoroastre.

sent icelle Pensee à Dieu mesme. Les secondes enuiron le second. c'est à dire les Raisons enuiron la Pensee: d'autāt qu'elles passent par la Pensee en l'Ame, & adressent l'Ame à la Pensee. Les tierces enuiron le tiers.) c'est à dire, les Semences des choses enuiron l'Ame, d'autant que moyennant l'Ame elles passent en la Nature, ce qui s'entéd en la puissance d'engendrer: & conioignent encores la Nature à l'Ame. Par le mesme ordre de la Nature en la matiere descendēt les formes. Mais Platon ne conte les formes en l'ordre susdit. Parce que Denis le Tyran l'ayāt interrogé seulemēt des choses diuines, il luy amene en auāt trois ordres qui appartiēnent aux especes incorporees comme diuines, & passe soubs silence les formes des corps. Encores Platon ne veut pas appeller Dieu le premier

D ij

Roy: mais le Roy de tout. Parce que s'il l'auoit appellé premier, il sembleroit parauenture qu'il le logeast en quelques especes de nombre, & egalité de condition ensemble auec les Ducs suyuans. Or ne dit-il pas qu'enuiron luy sont les premieres choses, mais toutes: afin que nous ne creussiós pas Dieu estre Gouuerneur d'vn certain ordre, plustost que de l'vniuers. L'AME DE L'HOMME DESIRE D'ENTENDRE QVELLES SONT CES CHOSES. Apres ces trois splendeurs de la diuine Beauté, lesquelles resplédissent és trois Cercles, accortement il induit l'Amour de l'Ame enuers icelles, parce que de là, l'ardeur de l'Ame s'embrase. C'est chose cóuenable que l'Amour diuin desire les choses diuines. REGARDANT AVX CHOSES QVI LVY SONT PROCHAINES. La cognoissance humaine commence des sens, & pourtant par les choses lesquelles nous voyons les plus excellentes és corps, souuent nous auons accoustumé de donner iugemēt des diuines. Par les forces des choses corporelles nous recherchons comme à la trace la puissance de Dieu: Par l'ordre la Sapience: Par l'vtilité, la Bonté diuine. Platon appelle les formes des corps prochaines à l'Ame: parce que telles formes sont logees au second degré apres l'Ame. ENTRE LESQVELLES NVLLE N'EST SVFFISANTE. Qui s'entend que ces formes ne sont insuffisantes, ny suffisamment nous monstrent les diuines: parce que les vrayes choses ce sont les Idees, les Raisons, & les Semences. Mais les formes des corps sont plustost ombres des choses vrayes, que choses vrayes. Et cōme

D iij

l'ombre du corps ne demonstre la figure du corps distīcte: aussi les corps ne demonstrent la Nature propre des substances diuines. MAIS ENVIRON ICELLVY ROY, ET LES CHOSES QVE IE DY, IL N'Y A AVCVNE CHOSE TELLE, parce que les natures mortelles & faulses ne sont proprement sēblables aux immortelles & vrayes. ET CE QVI EST APRES CECY L'AME LE PARLE. Cecy s'entend que l'Ame pendant que elle iuge les natures diuines aueques les mortelles, faulsement elle parle des diuines, & ne prononce point les diuines, mais les mortelles.

COMME LA BEAVTE DE
Dieu resplendit par tout, & s'ayme.

CHAP. 5.

Et afin qu'en brief nous comprenions beaucoup, le Bien est la surparoissante essence de Dieu: La Beauté est vn certain acte, ou bien rayon d'icy par tout penetrant, Premierement en la Pensee Angelique: puis en l'Ame de l'vniuers, & aux autres ames. Tiercement en la Nature: Quartement en la matiere des corps. Et ce Rayon orne d'Idees par ordre la Pésee: emplit l'Ame de l'ordre des Raisons, fortifie la Nature de Seméces; vest la matiere de formes. Et tout ainsi qu'vn mesme ray de Soleil illustre quatre corps, le Feu, l'Air, l'Eau, & la Terre: ainsi vn ray de Dieu illumine la Pensee, l'Ame, la Nature, & la Matiere. Et quiconque en ces quatre Elements regarde la lumiere, il void icelluy ray du Soleil, & par iceluy se conuertit à cósiderer la lumiere supernelle du Soleil. Ainsi quicõque considere l'ornemẽt de ces quatre, Pensee, Ame, Nature, & Corps, & qui l'ayme: certainement il void & ayme la lueur de Dieu en iceux, & par ladicte lueur il void & ayme Dieu mesme.

DES PASSIONS DES AMANTS,
CHAP. VI.

D'ICY auiẽt que l'impetuosité de l'Amoureux ne s'esteint point pour aspect ou touchement de corps aulcũ, parce qu'il ne desire point ny cestuy ny celluy corps. Mais bien desire la splendeur de la Maiesté supernelle reluysante es corps, & d'icelle s'esmerueille. Pour laquelle chose les Amãts ne sçauent que c'est qu'ilz desirent ou cherchent, parce qu'ilz ne congnoiſſent point Dieu: duquel la ſaueur cachee reſpand aux œuures vne treſdoulce odeur de ſoy : par laquelle odeur touſiours nous ſommes incitez: & ſentons bien ceſte odeur, mais nous ne ſentons pas la ſaueur. Comme ainſi ſoit doncques que nous attraits & allechez par l'odeur manifeſte, appetions la ſaueur cachee: à bon droit nous ne ſçauons quelle choſe c'eſt que nous deſirōs. Et d'icy auient encor que touſiours les Amants ont creinte & reuerence à l'aſpect & preſence de la perſonne aimee, ce qui meſmes auiēt aux forts & ſages hommes en la preſence de la perſonne aimee, bien qu'elle ſoit de beaucoup inferieure. certainemēt ce n'eſt pas vne choſe humaine q̃ ce qui les eſpouuente, occupe, & briſe: Parce q̃ la forme humaine eſt touſiours plus excellēte és hommes plus forts

& sages. Mais la lueur de la diuinité qui resplendit sur le Beau corps, cõtreint les amants de s'esmerueiller, creindre, & reuerer icelle personne, comme vne statue de Dieu. Par la mesme raison l'Amoureux, pour la personne aymee deprise richesses & honneurs. Et c'est bien le deuoir que les choses diuines soyent preferees aux humaines. Il auient aussi souuẽtesfois que l'Amant desire se transferer en la personne aymee, & à bon droict. Parce qu'en cest acte il appete & s'efforce d'homme qu'il est, se faire Dieu. Et qui est celuy qui ne desire plustost d'estre Dieu, qu'homme? Il arriue encor que ceux qui sont pris du laz d'Amour, souspirẽt quelquesfois, & quelquesfois s'esgayent. Ils souspirent, parce qu'ils abandonnent soymesme, & se destruisent. Ilz s'egayent, parce qu'ils se transferent en meilleur obiect. Les Amants muablement & alternatiuemét sentent ores le chauld, ores le froid, à l'exemple de ceux qui ont la fieure tierce erratique. A bon droit sentent le froid ceux qui perdent le propre chauld. Ils sentent encor le chauld estans embrasez de la splendeur du rayon supernel. De froideur naist la creinte, de chaleur naist l'audace: pourtant les Amoureux sont l'vne fois creintifs, & l'autre fois hardis & audacieux. Mesmes les hommes d'esprit fort tardifs en aymant deuiennent fort agus. Qui est l'œil qui par celeste rayon ne voye? Iusques icy il suffist d'auoir traité de la diffinition d'Amour, & de la Beauté, qui est son origine, & des passions des Amants.

DES DEVX GENERATIONS,
d'Amour, & des deux Venus.

CHAP. VII.

ORES nous disputerons bréuement des deux generations d'Amour. Pausanie en Platon afferme l'Amour estre compagnon de Venus & y auoir autant d'Amours comme il y a de Venus: & r'accôte deux Venus, accôpagnees de deux Amours: L'vne Venus celeste, l'autre, vulgaire. Et dit que la Celeste est nee de Celius sans mere: La vulgaire est nee de Iuppiter, & de Dione. Les Platoniques appellent le souuerain Dieu Celius. Parce que comme le Ciel contient tous les autres Corps, ainsi Dieu côpréd tous les autres esprits: & nômét la Pésee Angelique de plusieurs nôs, quelquesfois Saturne, quelquesfois

Iuppiter, & quelquefois venus. Parce q̄ la Pensee Angelique est viue & entēd, ils nōment son essence Saturne: la vie, Iuppiter: l'intelligence, Venus. Outre cecy ils appellent semblablement l'Ame du Monde Saturne, Iuppiter, & Venus. Entant qu'elle entēd les choses supremes, elle s'appelle Saturne: en ce qu'elle meut les Cieux, Iuppiter: entant qu'elle engendre les choses inferieures, elle se nōme Venus. La premiere Venus que nous ayons nommee, qui est en la Pensee Angelique, se dit estre nee de Celius sans mere: d'autant que la matiere est par les Fisiciens & Filosofes naturels appellee mere: & ceste pensee est elongnee de la matiere corporelle. La seconde Venus qui se met en l'Ame du Monde, est engendree de Iuppiter & de Dione. De Iuppiter, c'est à dire, de la vertu de l'Ame mondaine, laquelle vertu meut les Cieux. Par ce que telle vertu a creé celle puissance qui engendre les choses inferieures. Ils disent encor que ceste Venus a vne mere, par ce qu'elle estant infuse en la matiere du Monde, il semble qu'elle s'accōpagne auecques la matiere. Finalement pour breuement fermer ce pas, Venus est de deux sortes: l'vne, celle intelligence, laquelle nous mettons en la Pensee Angelique: l'autre, est la force d'engendrer, à l'Ame du Monde attribuee. L'vne & l'autre s'accompagne à l'Amour semblable. Parce que la premiere par Amour naturel est rauie à considerer la Beauté de Dieu. La seconde est rauie encor par son Amour à creer la diuine Beauté és corps mondains. La premiere comprend en soy premierement la splendeur diuine, puis la repand & influe en la seconde Venus. Ceste seconde transfond en la matiere du monde les estincelles de la splendeur ja receuë. Par la presence de ces estincelles, tous les corps du monde selon leur capacité, en resultent & deuiennent beaux. L'Ame de l'hôme apprehende ceste Beauté par les yeux. Et ceste Ame a deux puissances: La puissāce de cognoistre, & la puissāce d'engédrer. Ces deux puissances sont en nous deux Venus, lesquelles sõt accõpagnees de deux Amours. Quād la Beauté du corps humain se represēte à nos yeux. Nostre Pēsee laq̃lle est en nous la premiere Venus, a en reuerence & amour icelle Beauté, cõme image de l'ornemēt diuin, & par icelle souuentesfois elle s'y addresse: en outre la puissance d'égendrer qui est la seconde Venus en nous, appete d'engendrer vne forme à elle semblable. A donc l'Amour est en ces deux puissances. Lequel en la premiere est desir de contempler : en la seconde est desir d'engédrer Beauté. L'vn & l'autre Amour est honneste, l'vn & l'autre ensuyuent l'image diuine. Or qu'est-ce que Pausanie vitupere en l'Amour? Ie le vous diray. Si quelcun par grande conuoitise de engendrer postpose le contempler, ou bien entend & vaque à la generation par moyens indeuz, ou vrayemét prefere la Beauté du corps à celle de l'Ame : cestuy n'vse pas bien de la dignité d'Amour : & cest vsage peruers est vituperé de Pausanie. Certainement celuy qui vse droictemét de l'Amour, loüe la forme du corps. Mais par le moyen d'icelle il pourpésé plus excellentes especes en l'Ame, en l'Ange, & en Dieu, & la desire aueques plus grande feruer. Et se sert autant de l'office & deuoir de genede generation, comme l'ordre naturel, & les loix par les prudents establies le dittent & permettent. De ces choses bien amplement traite Pausanie.

EXHORTATION A L'AMOVR, ET
dispute de l'Amour simple, & mutuel ou reciproque.

CHAP. 8.

Ais ô vous mes amis, ie vous exhorte & prie, que de toutes voz forces vous embrassiez l'Amour, qui sans doubte est vne chose diuine, & ne vous estonne point ce que Platon disoit d'vn certain Amãt, duquel le voyãt vn amoureux, dist: Cest amoureux est vne ame en son propre corps morte, & viue au corps d'autruy. Et ie vous espouuente aussi ce qu'Orphee châte de l'amere & miserable cõdition des Amants. Comme ces choses se doiuent entendre, & comme on y peult remedier, ie le vous diray: mais ie vous prie que vous m'escoutiez diligemmét. Platon appelle l'Amour amer, & non sans cause: par-ce que quiconque aime, il meurt en aimant. Et Orfee appelle l'Amour vne pomme d'amer-doux. Estant l'Amour vne mort volontaire, entant qu'il est vne mort, c'est chose amere: entāt qu'elle est volōtaire, elle est douce. Quicōque aime, meurt en aimāt: d'autant que son penser s'oubliant se retourne en la personne aimee. S'il ne pense point de soy, certainement il ne pense point en soy: & pourtant telle ame n'agit en soymesme: comme ainsi soit que la principalle actiō d'Amour soit le Penser. Celuy qui n'agit en soy, n'est point en soy: par ce que ces deux choses, c'est à dire, l'e stre, & l'agir se recueillent ensemblement. L'estre n'est point sans l'agir : l'agir n'excede point l'estre. Aucun n'agit là où il n'est point, & quelque part qu'il soit, il agit & opere. Doncques l'ame de l'Amant n'est pas en soy, puis qu'en soy il n'opere. S'il n'est point en soy, il ne vit pas aussi en soymesme : qui ne vit point, est mort, & pourtant quiconque aime, est mort en soy, ou pour le moins il vit en autruy. Sans doubte il y a deux especes d'Amour, l'vne est simple, l'autre est reciproque. L'Amour simple est où l'Aimé n'aime point l'Amāt. Là l'Amant est du tout mort, par-ce qu'il ne vit point en soy, comme nous auons monstré, & ne vit point aussi en l'Aimé estant de luy mesprisé. Où est ce donc qu'il vit ? Vit-il en l'Air, ou, en l'Eau, ou au Feu, ou en la Terre, ou au corps d'vn animal irraisonna-

E ij

ble? Non, par-ce que l'ame humaine ne vit point en autre corps que l'humain. Il vit paraduenture en quelque autre corps de personne non aimee? Ny là encor par-ce que s'il ne vit là où vehementement il desire viure, beaucoup moins viura-il ailleurs. Donc ne vit en aucun lieu celuy qui aime autruy, & d'autruy n'est aimé : & pourtát est entieremét mort le nó aimé Amant. Et iamais ne resuscite, si l'indignation ne le fait resusciter. Mais là où l'aymé respód en Amour, l'amoureux vit pour le moins qu'il soit en l'aymé. Icy chose merueilleuse auient quand deux ensemble s'entr'ayment. Cestuy en celuy, & celuy en cestuy vit. Ceux-cy sont ensemble en contre-eschange, & chascun se donne à autruy, pour d'autruy receuoir. Or en quelle maniere ils se donnent eux mesmes, il se void, parce qu'ils se mettent en oubly. Mais comme ils reçoiuent autruy, cela n'est pas si clair. Par-ce que qui ne se possede, beaucoup moins peut-il posseder autruy : ainçois l'vn & l'autre possede soy-mesme, & possede autruy. Parce q̃ cestuy se possede, mais en celuy là. Celuy là se possede, mais en cestuy. Certainement pẽdant que ie vous ayme m'aymant, ie, en vous pẽsant de moy, me retrouue: & moy de moymesme deprisé, me racquiers en vous me conseruant. Le mesme faites vous en moy. Cela encor me semble merueilleux, d'autant que depuis que ie me suis perdu moy-mesme, si par vous ie me regaigne, par vous ie me possede. Si par vous ie me possede: ie vous possede & ay premierement, & plus que moy, & suis plus prochain à vous, qu'à moy: d'autãt que ie ne m'approche à moy-

E iij

mesme par autre moyen que par vous. En cecy la vertu de Cupidon est differente de la force de Mars, par ce que l'Empire & l'Amour sont ainsi differéts. L'Empereur & le Seigneur poisede autruy par soy. L'Amoureux par autruy se reprend: & l'vn & l'autre des amants se fait loing de soy, & prochain d'autruy: & mort en soy, en autruy resuscite. Vnique est seulement la Mort en l'Amour reciproque: Les Resurrections sont deux: parce que qui ayme, il meurt vne fois en soy, quand il s'abandonne. Et soudain il resuscite en l'aymé, quád l'aymé le reçoit aueques vn penser ardent. Il resuscite encor quand luy finablement se recognoist en l'aymé, & ne doubte point qu'il ne soit aymé. O mort heureuse que deux vies ensuyuent! ô merueilleux contract, auquel l'hóme se dóne pour autruy:

& autruy, ny soy n'abandonne! O gaing inestimable quãd deux deuiennent vn en telle maniere, que chascũ des deux pour vn seul deuient deux: & comme redoublé celuy qui n'auoit qu'vne vie, estãt entreuenuë vne mort, a ja deux vies! Parce que celuy qui estant vne fois mort, resuscite deux fois: sans doute pour vne vie il acquiert deux vies, & pour soy vnique, deux soy-mesmes. Manifestement en l'Amour reciproque se void vne tresiuste vengeance. L'homicide se doibt punir de mort: & qui niera que celuy qui est aymé ne soit homicide? comme ainsi soit que l'Ame se separe de l'Amant: & qui niera semblablemẽt qu'il ne meure? Quand luy semblablement ayme l'amant. Ceste est vne restitution biẽ deuë: quand cestuy à celuy, & celuy à cestuy rend l'Ame q̃ ja il luy auoit ostee. L'vne & l'autre aymant donne la sienne: & aymant reciproquemẽt par sa restitution donne l'Ame d'autruy. Pour laquelle cause, quicõque est aymé, par rayson doibt contr'aymer. Et qui n'ayme l'Amant est en coulpe d'homicide, ainçois est larrõ, meurtrier, & sacrilege. L'argent est possedé du corps, & le corps de l'Ame: donques qui rauit l'Ame, de laquelle le corps & l'argẽt est possedé, cestuy rauit ensẽble l'Ame, le Corps, & l'Argent: & pourtant cõme larrõ, meurtrier, & sacrilege doibt estre condamné à trois sortes de mort: & comme infame & impie peut sans peine de chascun estre occis, voire si luymesme volontairemẽt n'accomplit la Loy, qui est que luymesme ayme son amant. Et ainsi faisant luy auec celuy qui vne fois est mort, semblablement meure vne fois. Et auec celuy qui refufcite deux fois luy encores deux fois refufcite. Par les raifons predictes nous auons demōftré que l'aymé doibt contr'aymer fon amant. De rechef que non feulemēt il le doibt, mais qu'il y eft contreint, il fe demonftre ainfi. L'Amour naift de reffemblance : la reffemblance eft vne certaine mefme qualité en plufieurs fubjects : de forte que fi ie vous fuis femblable, vous par neceffité eftes femblable à moy. Et pourtant la mefme reffemblance qui me contreint que ie vous ayme, vous contreint à m'aymer. En outre l'Amoureux fofte à foy-mefme, & fe donne à l'aymé, & ainfi deuiēt chofe propre de l'aymé. Donques l'aymé a cure de ceftuy cōme de chofe fiēne : parce que les chofes de chafcun luy font cheres. Adiouftez y que l'amant engraue la figure de l'aymé en son Ame. Donques l'Ame de l'amāt deuient vn certain miroir, auquel reluit l'image de l'aymé. Et pourtant quand l'aymé se recognoist en l'amant, il est contreint de l'aymer.

Entre quelles personnes s'ēgendre l'Amour mutuel.
Les Astrologues tiennét l'Amour estre vrayement mutuel & reciproque entre ceux-là, en la Natiuité desquels se contr'eschangent les lieux du Soleil & de la Lune. Cōme quād ie nasqui, si le Soleil se fust trouué dans le Mouton, & la Lune en la Liure: & quand vous nasquistes, si le Soleil eust esté en la Liure, & la Lune au Mouton. Ou biē si nous auiós en l'ascédent vn mesme & semblable signe, ou bien vn mesme & semblable Planette: ou que Planetes benins regardassent semblablemēt l'Angle oriental, ou que Venus vint loger en la mesme maison, & au mesme degré. Les Platoniques y adioustent

encor ceux desquels la vie est d'vn mesme Demon gouuernee. Les Philosophes naturels & moraulx veulent que la semblance des complexions d'estre nourry, esleué, & enseigné, de la familiarité, & des aduis, soit occasiō de semblables affectiōs. En somme l'Amour se trouue contr'eschanger grandement, là où plusieurs occasions se rencontrent ensemble: & là où elles se rencontrent toutes, se voyent sourdre les affections de Pythias & de Damon, & de Pilade & d'Oreste.

QVE C'EST QVE CHERCHENT les Amants.

CHAP. 9.

MAIS que cherchent ceux-cy quand mutuellement ils s'entr'ayment? Ils cherchent la Beauté: parce que l'Amour est vn desir de iouïr de la bône grace, c'est à dire de la Beauté. La beauté est vne certaine splendeur qui rauit à soy l'ame humaine. La Beauté du corps n'est autre chose, que splendeur en l'ornement des couleurs & lignes. La Beauté de l'Ame est vne lueur en la consonance des sciences & coustumes. La lumiere du Corps n'est point comme des oreilles, du nais, du goust, ou du touchemét: mais de l'œil. Si l'œil le cōnoist, seul il en iouist. Dōc l'œil seul iouist de la corporelle Beauté. Et estant l'Amour vn desir de ioüir de la beauté, & icelle estant seulemét comme des yeux, l'Amoureux du corps est content de la seule veuë. Si que le plaisir & chatouillement du toucher n'est point partie d'Amour, ny affection d'amant, ains espece de lasciueté & perturbation d'homme seruile. Aussi comprenons nous la lumiere de l'ame seulement auec la Pensee: dont celuy qui aime la Beauté de l'ame, se contente seulement de consideration mentale. Finalemét la Beauté entre les Amants s'eschange par Beauté. Le plus antique auec les yeux ioüist de la Beauté du plus ieune: & le plus ieune auecques l'entendemét ioüist de la Beauté du plus antique. Et celuy qui est seullement beau de corps, par ceste coustume deuient beau de l'Ame: & celuy qui est seulement beau de l'ame, se remplit les yeux de corporelle Beauté. Cestuy est vn contr'eschange merueilleux à l'vn & à l'autre, honneste, vtile, plaisant & agreable. L'honneteté en tous les deux est pareille, par ce que c'est chose egallement honneste d'apprendre & d'enseigner. Au plus ancien il y a plus grande deletation, d'autant qu'il a plaisir de la veuë & de l'entendement. Au ieune est plus-grande l'vtilité : par-ce que d'autant que l'Ame est plus excellente que le Corps, d'autant est plus precieux l'acquest de la Beauté Intellectuelle que de la Corporelle. Iusques icy nous auons exposé l'Oraison de Pausanie, par cy apres nous declairerons l'Oraison d'Erisimaque.

ORAISON III.

QVE L'AMOVR EST EN TOVTES les choses, & enuers toutes, Createur de toutes, & Maistre de toutes.

CHAP. I.

TROIS choses à l'aduenir selon la sentence & auis d'Erissimaque se doiuent traiter : premierement que l'Amour est en toutes choses, & par toutes se dilate. Secondement que de toutes les choses naturelles l'Amour est facteur & conseruateur. Tiercement qu'il est maistre & seigneur de tous les arts. Trois degrez de choses ce considerent en la nature, superieurs, inferieurs, & egauls. Les superieurs sont cause des inferieurs. Les inferieurs sont œuures des superieurs. Les choses egalles ont entre elles vne mesme nature. Les causes aiment leurs œuures, come leurs parties & images. Les œuures desirent leurs causes, comme conseruantes. Les choses qui sont egalles apportent amour reciproque entre elles : ainsi que les mébres d'vn mesme corps. Et pourtant Dieu gouuerne auec bien-veillance les Anges, & les Anges ensemble auecq Dieu gouuernent les ames, les ames auec les Anges ensemblement regissent les corps par naturel Amour. Et en cecy se void clairemẽt l'Amour des superieurs enuers les inferieurs. Dauãtage les corps se cõioignẽt volontiers à leurs Ames, & mal volõtiers se separent d'icelles. Nos ames desirent la felicité des Celestes. Les Celestes font la reuerence à la majesté diuine: & c'est l'affection d'amour aux inferieurs enuers les causes supernelles. En outre toutes les parties du feu s'aioignent volontiers ensemble: & ainsi les parties de la Terre, de l'Eau, & de l'Air s'accordent ensemble. Et en qu'elconque espece d'animaulx, les animaux de l'espece mesme par mutuelle bien-vueillãce s'accostent par ensemble. Icy se void l'Amour entre les choses egalles & semblables. Qui pourra donc doubter que l'Amour ne soit & en toutes choses, & enuers toutes? Et c'est ce que Denis Areopagite au liure des noms diuins selõ

l'Ame

l'Ame de Hierothee, traite en ceste maniere. L'Amour diuin, ou angelique, spirituel, ou animal, ou naturel n'est autre chose qu'vne certaine vertu de conioindre & vnir. Laquelle meut les choses superieures à pouruoir aux inferieures : & concilie les choses egalles à communion mutuelle, & dresse encor les inferieures à ce qu'elles se conuertissent aux plus nobles. Et c'est ce que dit S. Denis.

COMME L'AMOVR EST FACTEVR & conseruateur de tout.

CHAP. II.

Ais le second membre de nostre oraison, en laquelle l'Amour est dit, facteur & conseruateur de tout, se prouue ainsi. Le desir d'amplifier la propre perfection est vn certain Amour. La souueraine perfection est en la souueraine puissance de Dieu. Icelle est contemplee de l'intelligence diuine: & d'icy la diuine volonté entend produire hors de soy : par lequel amour de multiplier toutes choses sont de luy creees. Et pourtant dit S. Denis l'Amour diuin ne laisse point le Roy du tout sans generation s'enfermer en soy-mesme. Ce mesme instint de multiplier est infus en tous de l'amour supreme. Pour ceste occasion les esprits saints meuuent les Cieux, & distribuent leurs dons aux creatures suiuantes. Pour ceste cause les Estoilles dispersent leur lumiere par les Elements. Pour ceste cause le feu preste de sa nature à l'Air: l'Air à l'Eau: & l'Eau à la Terre: & par ordre opposé la terre tire l'eau à soy: l'Eau, l'Air: l'Air, le feu, & chascune herbe & arbre appetant de multiplier sa semence engendrét effets semblables à elles. Semblablement les bestes & les hommes allechez de la mesme cupidité sont tirez à procreer faons & enfans. Si l'Amour fait toute chose, certainement toute chose il conserue: parce qu'à vn mesme appartient l'office & le deuoir de faire & de conseruer. Sans doubte les semblables sont conseruez des semblables: & l'Amour tire le semblable au semblable. Toutes les parties de la Terre par force d'Amour reciproque, comme semblables s'accostent entre elles. Et toute la Terre, comme à son semblable, descend à vn centre du Monde. Encores les parties de l'Eau entre elles, & auec tout le corps de l'Eau se meuuent à lieu conuenable. Le mesme font les parties de l'air & du feu: & les Sferes de l'air & du feu, comme

F ij

semblables saultent à la region supernelle pour l'Amour d'icelle. Mesmes le Ciel, comme dit Platon au liure du Regne, se meut par Amour enné: par ce que l'ame du Ciel est toute ensemble en quelconque poinct du Ciel. Doncques le Ciel desireux de iouïr de l'ame court, afin qu'auec toutes ces parties il iouïsse par tout de l'ame toute. Et vole tref-legerement pour se trouuer, autant qu'il est possible, tout ensemble par tout où l'ame est toute ensemblement. D'auātage la Surface concaue de la plus grande Sfere: est le lieu naturel de la Sfere moindre, & pourtant chascune partie de ceste-cy conuient egallement auecques chascune partie de celle là. En somme chasque poinct de ceste-cy appette de toucher tous les poincts de ceste autre. Si le Ciel demeuroit ferme, elles s'entretoucheroiēt bien l'vne l'autre, mais non l'vne toutes. En courant elle obtient presque ce point, qu'elle ne pourroit obtenir en reposant. Elle court donc tref-legeremēt, afin que chasque partie d'icelle presque en mesme temps touche toutes les autres le plus qu'il est possible. En outre par l'vnité de ses parties, toutes choses se conseruent, & par la dispersion se gastent. Et l'vnité naist des parties de l'Amour qui est entre elles. Ce qui se peult veoir aux humeurs de nostre corps, & aux elements du Monde: par la cōcorde desquels (comme disoit Empedocle Pythagorique) consiste tant le grand Monde, que nostre Corps le petit: comme par la discorde il se dissoult & disperse. Or la Cōcorde naist en ceux-cy de l'amour naturel: pourtant Orfee chantoit ainsi de l'Amour:

Toy seul, ô grand Amour, les resnes tu gouuernes
De tout ce qu'au contour du Monde tu encernes.

COMME L'AMOVR EST MAISTRE de tous les Arts.

CHAP. III.

Reste maintenāt à declarer cōme l'Amour est maistre & seigneur de tous les arts. Nous entēdrons qu'il est maistre des arts, si nous considerons qu'aucun ne peut trouuer ny apprendre aucun art, s'il n'est meu de la delectation de rechercher le vray. Et si celuy qui enseigne n'ayme les disciples, & si les disciples ne portent amour à telle doctrine. Il se nomme aussi Seigneur & Gouuerneur des arts, parce que celuy conduit à perfectiō les œuures des arts, lequel ayme & les œuures & les personnes ausquelles il fait les œuures susdites.

Adjouftez y q̃ les Artifans en quelque art que ce foit ne recherchét autre chofe que l'Amour. Et nous pour le prefent racõterons fommairemét les arts que chez Platon raconte Erifimaque. Dittes moy qu'eft-ce que la Medecine confidere autre chofę finon q̃ les quatre humeurs du corps deuiennét enfemble amis, & demeurent accordez & bien-vueillants? Et quels nourriffements, & quelles medecines ayme la Nature? En ceft endroit font encor retrouuez par Erifimaque les deux amours lefquelz Paufanie a cy deffus defcrits, à fçauoir l'Amour Celefte & Vulgaire. Par-ce que la complexion du corps temperée a l'Amour temperé & les chofes temperees. La complexion intemperee a l'Amour contraire, & à chofes cõtraires: à ceftuy-là il veut mettre foing & diligence, à ceftuicy

F iiij

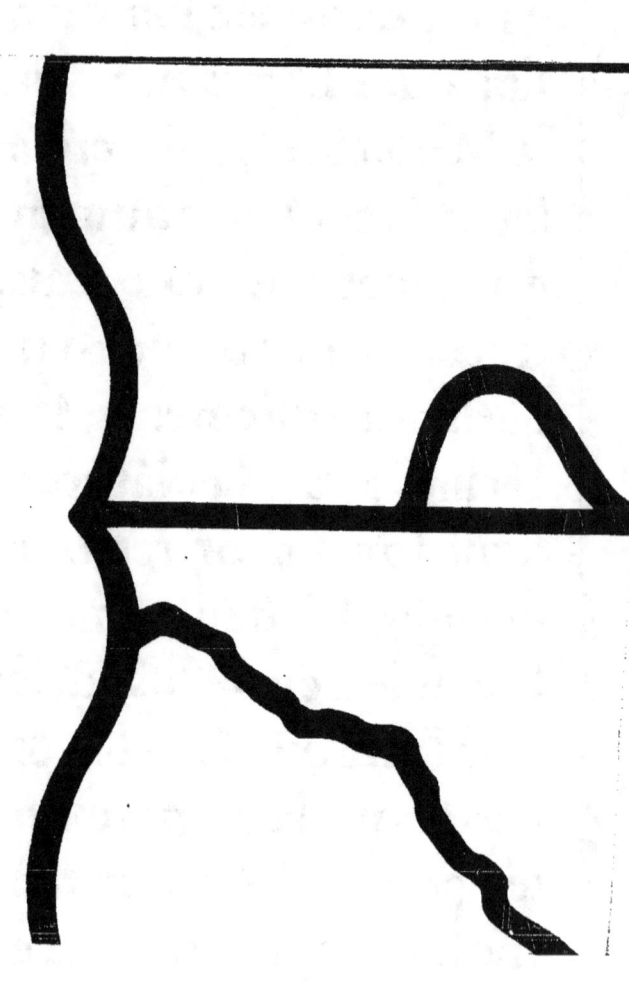

Texte détérioré — reliure défectueuse

NF Z 43-120-11

il ne veult en aucune maniere cõsentir. Mesmes en l'art d'escrimer & d'autres ieux corporels il faut rechercher quelle est l'habitude du corps, quelz moyẽs de s'exerciter, & quels gestes il requiert. En l'Agriculture quel terroir, quelles semences, & quel labourage elle veut, & quelle sorte de labourage chascun arbre desire. Cecy mesme s'obserue en la Musique, de laquelle les artisants recherchent qui sont les nõbres, & quels ou plus ou moins ils ayment. Ceux-cy entre vn & deux, entre vn & sept, ne retrouuent presque aucun amour ny cõcorde. Mais entre vn & trois, quatre, cinq, six, & huict, ils ont trouué vn plus vehement amour. Ceux-cy par certains interualles & modes rẽdent entre elles amies les voix agues & graues par nature diuerses, dont resulte la composition & doulceur

Nombres acordans en la Musique.

de l'harmonie. En oultre ils temperent ensemblement les mouuemēts legers & tardifz, de sorte qu'ils deuiennent entr'eux amis, & demonstrent vne concorde agreable. Il y a deux generations de la Musique, l'vne est graue & cōstante: l'autre molle & lasciue. Celle là est vtile à qui en vse: celle-cy est damnable, selon le iugement de Platon au liure de la Republique & des Loix. En son Bāquet il fait à celle là presider la Muse Vranie: & prepose à ceste-cy la Muse Polymnie. Les vns ayment la premiere generation de la Musique: les autres la generation seconde. A l'Amour des premiers on doibt consentir, & leur conceder les sons qu'ilz ayment: à l'appetit des autres on doit resister: parce que l'amour des vns est celeste, & des autres vulgaire. Il y a encor entre les Estoilles & les Elements vne certaine amitié & sympathie, laquelle l'Astrologie cõsidere. En ceux-cy se retrouuent mesmement ces deux amours, parce qu'en iceux est l'Amour moderé, quand par-ensemble auec mutuelle proprieté ils consonent temperément. Là est aussi l'Amour immoderé, quand chascun d'eux s'ayme trop, & abandonne les autres. De l'vn resulte vne agreable serenité de l'Air, Tranquillité de l'eau, fertilité de la Terre: santé des animaux. De l'autre resultent choses toutes contraires à celles cy. Finalement il semble qu'en cecy se retourne la faculté des Prophetes & Prestres: d'autant qu'il s'y enseigne quelles sont les œuures des hõmes à Dieu amies & agreables, & par quel moyen les hommes se rendent amis à Dieu: & quelle sorte d'amour & charité on doibt obseruer enuers

Dieu, le pays, les parents, & autres presents & passez. Ce qui mesme se peut coniecturer és autres ars, & cōclure en somme que l'Amour est en toutes choses, enuers toutes, facteur & cōseruateur de toutes: & Seigneur & Maistre de tout art. A bon droit Orfee a nōmé l'Amour ingenieux, de deux natures, portant les clefz de l'vniuers. En quelle maniere il est de deux natures, premiere mét vous l'auez ouy de Pausanie, & puis d'Erisimaque: en quelle maniere il porte les clefz du Monde nous le pouuons entendre d'Orfee par les choses superieures: d'autant q̄ selon que nous auons monstré ce desir d'amplifier la propre perfection, qui est infus en tous, deploye la fecondité de chacū cachee & enuelopee, pendant qu'il contreint germer dehors les semences: & tire dehors les forces de chas-

L'Amour porte le clefz du Monde.

cun : conçoit & enfante, & comme auec clefz ouure la serrure des conceptions, & les produit en lumiere. Pour laquelle raison toutes les parties du Monde, d'autant que ce sont œuures d'vn artisan, & mēbres d'vne mesme machine, en estre & vie entre eux semblables, par vne mutuelle charité se lient ensemble, de sorte qu'à bon droit l'Amour se peut dire vn neu perpetuel, & lien du monde, le soustien de ses parties immobiles & le ferme fondement de la machine vniuerselle.

QV' AVCVN MEMBRE DV MONDE
ne porte hayne à l'autre.

CHAP. 4.

IL est ainsi, aucun membre de cest ouurage ne peut auoir hayne à l'autre membre: parce que le Feu ne fuit pas l'Eau pour haine qu'à l'Eau il porte: mais pour l'amour de soy, de peur qu'il ne soit esteint de la froideur de l'eau. Ny aussi l'eau par haine du Feu ne l'esteint: mais par vn certain amour d'amplifier son propre froid, elle est tiree à engendrer Eau semblable à soy de la matiere du Feu. Parce qu'estant tout appetit naturel dressé au bien, & nul au mal: l'intention de l'eau n'est pas d'esteindre le Feu, qui est mal, ains d'engendrer de l'Eau semblable à soy, qui est chose bonne. Que si elle pouuoit ce faire sans dommage ne perte du feu, elle ne l'estindroit. La mesme raison est assignee des autres choses, qui semblent entre elles côtraires & ennemies. Certainement l'Agneau n'a point en hayne la vie & figure du Loup: mais bien la destructiō de soy qui du Loup luy est pourchassee : & le Loup deuore l'Agneau, nō pour haine de l'agneau, ains pour l'amour de soy. Et l'homme n'a pas en hayne l'hōme, mais les vices de l'hōme. Et si nous portons enuie à ceux qui sont plus puissants & agus que nous, cela ne procede pas de haine de nous enuers eux, mais de l'amour de nous mesmes, par ce que nous doutōs que d'eux nous ne soyons surmontez. Parquoy il n'y a rien qui nous empesche que nous ne puissiōs dire l'Amour estre en toutes les choses, &

par tout discourir. Doncques nous deuōs craindre comme puissant Seigneur ce grand Dieu, puis qu'il est en tout lieu, & dedans toutes choses: l'Empire duquel nous ne pouuons euiter: & comme Iuge tres-sage, auquel noz pensers ne sont cachez ny couuerts. Cestuy encor qui est Createur & Conseruateur de tout nous le deuōs reuerer comme Pere: & le tenir comme tuteur & refuge: Cestuy par-ce qu'il enseigne les arts, deuons nous ensuyure comme Precepteur, par lequel comme facteur nous sommes & viuons: par luy comme Conseruateur nous perseuerons en estre: de luy comme de Iuge nous sommes gouuernez: & de luy finalement comme de Precepteur, nous sommes appris & formez à bien & heureusement viure.

ORAISON IIII.

OV EST EMPLOYE LE TEXTE de Platon de l'antique nature des hommes.

CHAP. I.

APRES que nostre amy & familier eut tenu ces propos, il mist fin à son dire: & apres luy suyuit Christofle Landin, homme de doctrine excellente: lequel en nostre temps nous auons congnu estre digne Poëte Orfique & Platonique. Iceluy suyuit en ceste maniere deployant la sentence d'Aristofane obscure & enuelopee. Bien que Iean Caualcant par la diligence de son discours & dispute nous ait deliurez en partie de la lõgueur de nostre traité. Neātmoins la sentence d'Aristofane, parce qu'elle est enuelopee & entremeslee aueques obscures paroles, requiert encor

cor quelque autre declaration & lumiere. Aristofane dit que l'Amour est sur tous les Dieux au genre humain Benefique, Curateur, Tuteur, Medecin. En premier lieu il est besoing de raconter quelle estoit du commencement la Nature des hommes, & quelles leurs passions. En ce temps là elle n'estoit pas telle quelle elle est maintenāt, ains de beaucoup diuerse & differente: Premierement il y auoit trois generations d'hommes, non seullement masle & femelle, comme de present, mais encor vn tiers composé des deux. Et estoit entiere l'espece de chacun homme, & auoit le dos rond, & les costez en cercle, quatre mains & quatre iambes. Elle auoit aussi deux faces semblables mises ensemble sur le col rond. La generation Masculine print naissance du Soleil : La feminine de la

Mystere de la creation du premier hōme que les Hebrieux disent auoir esté creé Du-Parsufin, à deux faces.

G

Terre: La composee de la Lune. Dód ils estoient de coeur fier & superbe, & de corpulence forte & robuste: pourtant ils oserent attenter de combattre contre les Dieux, & de vouloir monter au Ciel. Et pourtāt Iuppiter cia & fendit du long chacun d'eux par le milieu, & d'vn en feist deux, à l'exemple de ceux qui trenchent & cient en long vn œuf entier auecques vn cheueu. Et les menaça que si de nouueau ils s'enorgueillissoient contre Dieu, qu'il les trencheroit encores vne autre fois en semblable maniere. Depuis que la nature humaine fut ainsi diuisee, chacun desiroit reprendre sa moitié: pourtāt ils couroient l'vn vers l'autre & iettans les bras à la rencontre, s'entr'accolloient desirans de se reintegrer en leur premiere habitude. Et certainement ils seroient manquez & defaillis de faim & d'oisiueté, si Dieu n'eust trouué moyen à tel accouplement. D'icy est né l'Amour mutuel entre les hommes reconciliateur de la nature antique, lequel s'efforce de faire vn de deux, & medeciner la cheute humaine. Chascun de nous est vn demy homme party & diuisé comme ces poissons qui se nomment Dorades, lesquels estans iustemét separez en long par la moitié, pour vn poisson restent deux poissons vifs. Chascun homme recherche sa moitié: & lors qu'il auient à quelqu'vn de quelque sexe qu'il puisse estre de rencontrer sa moitié, il s'en resent puissamment, & auecques ardent amour s'en englue & s'y colle, & ne souffre vn tout seul moment d'en estre separé. Adoncques la conuoitise de restaurer le tout, est dite Amour, lequel au temps present nous prouffite beau-

G ij

coup remenant vn chascun à sa moitié plus aimee: & donne souueraine esperance au temps aduenir, que si droitement nous honorons Dieu, il nous restituera encores en la figure antique : & ainsi nous guarissant, il nous fera bien-heureux.

COMME S'EXPOSE L'OPINION DE Platon de l'antique figure des hommes.

CHAP. 2.

Es choses raconte Aristofane, & plusieurs autres fort mõstrueuses, sous lesquelles, comme voiles, il fault estimer q̃ diuins mysteres sont cachez. C'estoit la coustume des antiques Theologiens de couurir sous ombrages de figures leurs sacrez secrets, afin qu'ils ne fussent souillez des hommes impurs. Toutesfois n'estimõs pas que toutes les choses qui sont escrites, ou és figures passees, ou en quelques autres appartiennēt si estroitement au sens. Comme ainsi soit qu'Aurele Augustin die, qu'il ne fault pas pēser que toutes choses qui sont feintes en figures ayent pourtāt toutes significations, par-ce que plusieurs choses y sont adioustees à cause de l'ordonnance & structure d'icelles, lesquelles y signifient. La Terre se fend seulement auec le soc: mais pour pouuoir mieux se faire on adiouste à la charue les autres mēbres & outils necessaires.

Voicy donc le sommaire de ce qui est proposé en cest endroit à declairer. Les hōmes anciennement auoiēt trois sexes Masculin, Feminin, & Cōposé: & estoiēt fils du Soleil, de la Terre, & de la Lune. Alors les hōmes estoiēt entiers. Mais se voulans egaller par orgueil à Dieu, ils furēt diuisez en

G iij

deux: & derechef seront diuisez si derechef l'orgueil les assault. Depuis qu'ils furent diuisez, la moitié fut par amour tiree à sa moitié, pour refaire & restituer l'entier. Lequel estât restitué la generation humaine sera bien-heureuse. Le sommaire de nostre exposition sera tel. LES HOMMES: c'est à dire, les ames des hommes : ANCIENNEMENT, cecy s'entéd quád elles sõt creees de Dieu. ILS SONT ENTIERS: par-ce que les ames sont ornees de deux lumieres, Naturelle, & Supernelle ou Surnaturelle: afin que par la naturelle elles considerassent les choses egales & inferieures: & par la surnaturelle les superieures. ILS SE VOVLVRENT EGALLER A DIEV, lors qu'ils se retournent à la seule lumiere naturelle. ET ICY ILS FVRENT DIVISEZ: en perdant la sur-naturelle splendeur, quand ils se retournent seulement à la naturelle: dont soudain ils tombent dans les corps. SI DE NOVVEAV ILS S'ENORGVEILLISSENT, DE NOVVEAV ILS SERONT DIVISEZ. cela s'entend s'ils se confient trop en leur esprit naturel, la lumiere naturelle mesmes s'esteindra en partie. ILS AVOIENT TROIS SEXES, LES AMES MASCVLINES DV SOLEIL, LES FEMININES DE LA TERRE, LES COMPOSEES NEES DE LA LVNE. c'est à dire, qu'aucunes des Ames selon la Force laquelle est masculine, aucunes selon la Temperance, qui est feminine, aucunes selõ la Iustice qui est cõposee, receuoyẽt la diuine splendeur. Ces trois vertus en nous sont filles de trois autres vertus, que Dieu possede. Mais ces trois en Dieu se nomment Soleil, Lune & Terre : en nous Masculin, Feminin, & Composé. DEPVIS QV'ILS FVRENT DIVISEZ, LA MOYTIE FVT TIREE A SA MOITIE. Les ames ja diuisees & plongees és corps, quand elles paruiennent aux ans de l'aage de discretion par la lumiere naturelle qu'elles reseruent, comme par vne moitié de l'Ame, elles sont eueillees à reprendre auec estude de verité ceste lumiere sur-naturelle, qui fut iadis l'autre moitié de l'Ame : laquelle en tombât elles perdent. Et quand elles l'auront receuë, elles seront entieres & en la vision de Dieu Bien-heureuses. Ce sera le sommaire de l'exposition presente.

QVE L'HOMME EST L'AME MESME, & que l'Ame est immortelle.

CHAP. III.

Le corps est composé de matiere & de quantité: & il appartient à la matiere de receuoir & à la quãtité il appartient d'estre diuisee & dilatee. Or la reception & diuision sont passions. Et pourtant le corps par sa nature est seulement subiet à passion & corruption: de sorte que s'il semble qu'aucune operation cõuienne au corps, il n'œuure ny n'agit entant qu'il est corps : mais entant qu'en luy est vne certaine force & qualité presque incorporelle. Comme en la matiere du feu est la chaleur: en la matiere de l'Eau est la froideur: en nostre corps est la complection : desquelles qualitez naissent les operations des corps. D'autant que le feu ne rechauffe pas pour-ce qu'il soit long, large, & profond; mais parce qu'il est chault. Et le feu qui est le plus espars ne rechaufe pas le plus, mais celuy qui est le plus chauld. Comme ainsi soit doncques que par le benefice de la qualité il agisse, & que les qualitez ne sõt point composees de matiere & de quantité: S'ensuit, que le souffrir appartient au corps, & le faire appartient à chose incorporelle. Ces qualitez sont instruments pour ouurer. Mais elles ne sont pas de soy mesme suffisantes à ouurer: d'autant qu'elles ne sont pas suffisantes à estre d'elles-mesmes: par-ce que ce qui gist en autruy, & de soy-mesme ne se peut soustenir, sans doubte il depend d'autruy. Et pourtant il aduient que les qualitez, lesquelles necessairemêt sont soustenues du corps, soient mesmes faictes & regies de quelque substance superieure, laquelle n'est point corps, ny ne gist en corps. Ceste est l'Ame, laquelle estant presente au corps soustient soy-mesme & donne au corps qualité & complexion : & par icelles, comme par instruments, exerce au corps & par le corps diuerses operations. C'est pourquoy l'on dit que l'homme engendre, nourrit, croist, court, se tiét quoy, se sied, parle, fabrique les œuures des arts, sent, entend : bien que l'Ame face toutes ces choses : donc l'ame est l'homme. Et quand nous disons l'homme engendrer, croistre, & nourrir : adonques l'ame comme pere & artisan du corps, engendre les parties corporelles, nourrist & augmente. Et quand nous disons l'homme estre stable, seoir, parler : alors, l'ame souftiét, ploye, & retourne les membres du corps. Et quand nous difons l'homme fabriquer & courir: à l'heure, l'ame auance les mains, & agite les pieds ainfi qu'il luy plaift. Si nous difons l'homme fentir: l'ame par les organes & inftruments des fens, comme par des feneftres ou verrieres, cógnoift les corps de dehors. Si nous difons l'hôme entédre: l'ame par foymefme fans inftrumét du corps atteint la verité. Doncques l'ame fait toutes les chofes qu'ó dit eftre faites de l'homme. Le corps les fouffre: & pourtant l'homme feul eft l'ame, & le corps eft œuure & inftrumét de l'ame: fpecialement parce que l'ame exerce fans inftrument du corps fon operation principale, qui eft entendre. Comme ainfi foit qu'elle entende chofes incorporelles: & que par le corps on ne puisse cognoistre autres choses que corporelles. Pourtant l'ame mettāt en œuure quelque chose par soy-mesme, certainement est, & vit par soymesme. Donques sans le corps vit cela, que sans le corps elle fait quelque fois. Si l'ame est par soymesme : à bon droict il luy conuient vn certain estre non commun au corps: & pourtant elle peut bien obtenir nom d'homme qui luy est propre & peculier, & non commun au corps. Lequel nom d'autant qu'il se dit de chascun de nous par toute la vie, estant chascun en quelque age appellé homme, certainemét il semble qu'il signifie quelque chose stable. Mais le corps n'est pas chose stable: parce qu'en croissāt & diminuāt, & par resolution & alteration continuelle il se chāge : & l'ame demeure vne mesme tousiours, selon que nous enseigne la recherche assiduelle de la verité, & la volonté du bien perpetuelle, & la ferme conseruatiõ de la memoire. Qui sera donques si fol q̃ d'attribuer au corps qui court tousiours, plustost qu'à l'ame qui demeure tousiours stable, l'appellatiõ de l'hõme laquelle est en nous tresferme? Parquoy d'icy pouuons nous manifestemẽt recueillir que quãd Aristofane nomme les hommes, il entend nos ames, selon l'vsance & coustume Platonique.

QVE L'AME FVT CREEE AVEC deux lumieres, & pourquoy elle vient au corps auec deux lumieres.

CHAP. 4.

L'AME soudain qu'elle est creee de Dieu, par vn certain naturel instinct se conuertit à Dieu son Pere: non autrement que le feu par la force des superieurs engendré en terre, soudain par impetuosité de nature se dresse aux lieux superieurs. Si que l'ame retournee vers Dieu est des rayons de Dieu illustree. Mais quand ceste premiere splendeur est receuë en la substance de l'ame, qui de soy estoit sans forme, elle deuient obscure, & tiree à la capacité de l'ame, luy est faicte propre & naturelle. Et pourtant par icelle splendeur, comme à elle egalle, elle void soy-mesme, & les choses qui sont au dessous d'elle, c'est à dire, les corps. Mais les choses qui sont au dessus d'elle, elle ne les void pas par ceste lueur. Vray est que l'ame par ceste premiere estincelle estãt ja deuenuë plus prochaine à Dieu, reçoit outre ceste lueur vne autre plus claire lumiere, par laquelle elle connoist les choses d'audessus. Elle a donques deux lumieres, l'vne naturelle, & l'autre sur-naturelle: par lesquelles ensemble coniointes, comme aueques deux ailles, elle peult voler par la region sublime. Si tousiours l'ame vsoit de la lumiere diuine, auecques icelle elle s'accosteroit tousiours à la Diuinité, de sorte que la Terre seroit vuide d'animaux raisonnables. Mais la diuine Prouidence a ordonné que l'hōme soit seigneur de soy, & puisse quelquefois vser des deux lumieres, & quelquefois de l'vne des deux seulement. Dont auient que par nature l'ame retournee à la propre lumiere, laissant la diuine, se ploïe enuers soy, & enuers ses forces, qui appartiennent au gouuernement du corps. Et desire

desire de mettre en effect telles siennes forces à fabriquer les corps. Par ce desir, selon les Platoniques, l'ame estant aggrauee, descend es corps, où elle exerce les forces d'engendrer, de mouuoir, & de sentir, & par sa presence orne la Terre la plus basse region du Monde. Laquelle region ne doit pas estre degarnie ny destituee de raison, afin qu'aucune partie du Monde ne soit de la presence des viuants raisonnables abandonee. Ainsi cóme l'Autheur du Monde, à la semblance duquel le monde est faict, est toute raison. Nostre ame tombe au corps, lors que laissant la diuine lumiere, elle se retourne seulement à la lumiere sienne, & commence à vouloir estre contente de soy-mesme. Dieu seul, auquel rien ne deffault, sur lequel n'y a rien, reste content de soymesme, & est à soy suffisant. Parquoy l'ame se faict pareille à Dieu, lors qu'elle veult de soymesme estre contente, comme si non moins que Dieu elle suffisoit à soymesme.

PAR COMBIEN DE VOYES
l'ame retourne à Dieu.

CHAP. 5.

ARISTOFANE veut que cest orgueil ait esté cause que l'ame qui nasquit entiere, fust partie & trenchee, c'est à dire qu'elle vsast de deux lumieres apres l'vne, laissant l'autre. Pourtant elle se plonge au profond du corps comme au fleuue Lethé & par traict de temps se mettant en oubly soymesme, est tiree des sens & de l'appetit charnel, ainsi que d'outrageux sergents & d'vn tyran insolent & rebelle : mais depuis que le corps est creu, & que par le moyen de la discipline les instruments des sens sont purgez, elle se redresse en quelque sorte. Et à tant commence à resplendir la lumiere naturelle, & l'ordre des choses naturelles recherche, & poursuit à la trace. En laquelle recherche elle s'auise qu'il y a vn sage Architecte de l'edifice Mondain, & desire à iouyr d'icelluy. Cest architecte peut estre seulement entendu auecques la lumiere sur-naturelle: & pourtant l'entendement est meu & alleché par la recherche de la lumiere propre à recouurer la lumiere diuine: & tel attrait & allechement est le vray amour, par lequel vne moitié de l'homme appette & desire l'autre moityé de l'homme mesme par-ce que la lumiere naturelle, qui est vne moityé de l'ame, s'efforce d'allumer en nous ceste diuine lu-

H ij

miere, qui est l'autre moityé d'icelle, laquelle auoit esté au parauant par nous mesprisee. Et c'est ce que disoit Platon en l'epistre à Denis le Tyran: L'AME DE L'HOMME D'ESIRE ENTENDRE QVELLES SONT LES CHOSES DIVINES REGARDANT AVX CHOSES QVI LVY SONT PROCHAINES. mais quand Dieu infond sa lumiere en l'ame, sur tout il l'accommode à ce ce que les hommes soient par icelle conduits & guydez à la Beatitude, laquelle consiste en la possession de Dieu. Par quatre voyes nous y sommes conduits, qui sont la prudence, la force, la iustice & la temperance. La prudéce est la premiere qui nous monstre la beatitude, les trois autres vertus, ainsi que trois sentiers à la beatitude nous conduisent. Doncques Dieu tempere diuersement en diuerses ames son estincelle, à celle fin que selon la regle de la Prudence autres par le deuoir de la force, aultres par le deuoir de la iustice, autres par le deuoir de la temperance retournent à leur Createur. D'autant que les aucuns par le moyen de ce don d'vne ame forte & constâte supportent la mort pour la religiõ, pour la patrie, pour les parents. Les autres ordonnent leur vie aueques telle iustice qu'ils ne font iniure ny tort à personne, ny entant qu'ils peuuent ne permettent qu'elle leur soit faicte. Les autres auecques ieusnes, veilles, trauaux domtent les eguillons & appetits de la chair. Ceux-cy procedent par trois voyes : Mais, autant que la Prouidence leur monstre, ils s'efforcent de paruenir à mesme fin de Beatitude. Ces trois Vertus sont encor contenuës en la diuine Prouidence pour le desir desquelles les ames des hommes embrasez par le moyen des offices d'icelles, desirét d'y paruenir, s'approcher d'elles, & en iouïr perpetuellement. Nous auons accoustumé d'appetter entre les hommes la Force masculine à cause de la puissance & de l'audace. La Temperance feminine à cause de sa nature debonnaire. La Iustice composee de l'vn & de l'autre sexe : masculine, d'autant qu'elle ne permet qu'iniure soit faite à aucun : feminine, par ce qu'elle mesme ne fait point d'iniure. Et d'autāt qu'il appartient au masle de donner, & à la femme de receuoir, nous appellōs le Soleil masle qui donne lumiere à autruy, & n'en reçoit point. La Lune composee de l'vn & de l'autre sexe: parce qu'elle reçoit la lumiere du Soleil, & la donne aux Elements : La Terre femme parce qu'elle reçoit de tous, & ne donne à aucun. Et pourtant le Soleil, la Lune, la Terre: la Force, la Iustice, la Temperance sont de nous à bon droit nommees Masle, Composé & Femelle : Et pour attribuer à Dieu la plus excellente appellation, nous nommons ces vertus en luy Soleil, Lune & Terre: En nous sexe Masculin, Composé & Feminin. Et disons que la lumiere masculine a esté concedee à ceux, ausquels a esté donnee la lumiere diuine du Soleil diuin auecques affection de force & constance. Et à ceux estre concedee la lumiere composee, ausquels de la Lune de Dieu a esté infuse lumiere auecques affection de iustice. Et à ceux-là la feminine, ausquels elle a esté infuse de la terre de Dieu aueques affection de temperance. Mais nous retournez à la lumiere naturelle ja commençons à mespriser la diuine,

& pourtant abandonnant l'vne, nous reseruons l'autre, si que nous auons perdu la moictyé de nous, & auons mis en reserue l'autre moitié: mais en certain temps de l'age conduits de la lumiere naturelle nous desirós tous la diuine. Bien que par diuerses manieres diuers hommes procedent à l'acquerir. Et ceux-là viuent par la force, lesquels de la force de Dieu l'ont ja receu auecques affection de force & constance, aultres par iustice, autres par temperance en semblable sorte. Finalement chascun recherche sa moitié ainsi qu'il a receu du commencemét. Et les aulcuns par la masculine lumiere de Dieu, qu'ils auoient ja perdue, & qu'ils ont recouuree, veullent ioüir de la force masculine de Dieu. Les aultres par la lumiere composee cherchent pareillemét à ioüir de la lumiere composee: aulcuns par la feminine semblablement. Tant est grand le don qu'acquierent ceux, lesquels depuis que l'estincelle naturelle en l'age deuë reluit, estiment qu'elle n'est pas suffisante à iuger les choses diuines: à ce que par indice de naturelle estincelle ils n'attribuent les affections des corps ou des ames à la diuine maiesté, & qu'ils n'estiment qu'elle n'est point plus noble que les corps & les ames. En quoy plusieurs sont dits auoir erré, lesquels recherchans Dieu comme à la trace par-ce qu'ils se confioyent en leur propre engin & esprit naturel ont dit, ou bien que Dieu n'estoit point, comme Diagore, ou en ont doubté, commé Protagore: ou ont iugé qu'il estoit corps, comme les Epicuriens, les Stoïques, les Cyrenaïques, & plusieurs autres: ou bien ont dit que Dieu estoit l'Ame du monde, comme Marc Varron, & Marc Manile: Ceux comme Atheés, non seulement ne r'aquesterent pas la lumiere diuine du commencemét mesprisee: mais gasterent aussi la naturelle en mal en vsant. Ce qui est gasté à bon droict se nomme rompu & diuisé: & pourtant leurs ames, lesquelles cóme superbes se confioient en leurs propres forces, de rechef ont esté trenchees en deux parts, cóme dit Aristofane: ceux-cy encores par faulces opinions obscurcirent, & par coustumes peruerses esteignirent la naturelle qui leur estoit restee. Et pourtāt ceux qui vsent droictement de la lumiere naturelle, lesquels congnoissans qu'icelle est poure, estiment bien que parauenture elle est suffisante à iuger des choses naturelles: mais pour iuger des choses qui sont au dessus de nature ils pensent qu'il est besoin de lumiere plus sublime. C'est pourquoy repurgeant l'ame ils s'appareillent de sorte, que la diuine lumiere en eux de nouueau resplendit. Par les rayons de laquelle ils iugeront droictement de Dieu, & seront restituez & remis en leur entiereté antique.

QVE L'AMOVR PORTE LES AMES au ciel, distribue les degrez de la beatitude, & de ioye sempiternelle.

CHAP. 6.

DONQVES, ô vous tres-excellents Conuiez, rendez vous propice & fauorable auecques toute sorte de sacrifice ce Dieu qu'Aristofane dit estre sur tous bening & debonnaire à la generation humaine. Reclamez-le auecques deuotieuses prieres. Embrassez-le auec tout le cueur. Cestuy par sa debonnaireté mene premierement les ames à la Table celeste abondante d'ambrosie & de nectar, c'est à dire viande & liqueur eternelle. Apres il arrâge chascun aux chaires, bancs conuenables. Finalement il les y maintient à iamais aueques vne doulce & agreable delectation. Parce qu'aucun ne retourne au Ciel sinõ celuy qui plaist au Roy du Ciel. Celuy plus que les autres luy plaist, lequel plus que les autres l'ayme. Cognoistre Dieu en ceste vie est vrayement impossible. Mais vrayement l'aymer en quelque sorte qu'il soit cognu, c'est chose possible & facile. Ceux qui cognoissẽt Dieu, pour cela ne luy plaisent pas, si depuis ils ne l'ayment. Ceux qui le cognoissent & l'ayment, sont aymez de Dieu, nõ parce qu'ils le cognoissent: mais parce qu'ils l'aymēt. Nous auſſi ne voulōs pas biē à ceux qui nous cognoiſſent, mais à ceux qui nous ayment: parce que ſouuent nous tenons pour ennemis pluſieurs qui nous cognoiſſent. Cela donques qui nous remeine au Ciel, n'eſt pas la cognoiſſance de Dieu ſimplemēt, mais ſon amour. En outre, les degrez de ceux qui ſont aſſis au Banquet celeſte ſuyuent les degrez des amants: parce que ceux qui ont aymé Dieu plus excellemment ſe repaiſſent là de plus excellētes viandes. Car ceux qui par l'œuure de la force ont aymé la Force de Dieu, iouyſſēt d'icelle meſme. Ceux qui ont aymé la Iuſtice de Dieu, iouyſſent de la iuſtice. Ceux qui ont aymé & chery la Temperance, ſemblablement iouyſſent de la temperāce diuine. Et ainſi diuerſes ames iouyſſent des diuerſes Idees de la diuine Pensee, selon que diuersement l'Amour les porte. Et tous iouïssent de tout Dieu, parce que Dieu est tout en chacune Idee. Mais ceux plus excellemment possedent tout Dieu, lesquels le voyent en plus excellente Idee. Chascun perçoit l'vsufruict de celle vertu Diuine, laquelle en viuãt il ayma. Et pourtãt, comme dit Platon au Fedre, L'enuie est au loing bannie de la Diuine compagnie. Parce qu'estant la plus ioyeuse & agreable chose qui soit que posseder la chose aymee, chascun possedant ce qu'il ayme, vit content & assouuy: pourtant si deux amants ont l'vsufruict des choses aymees, chascun se repose en l'vsage de son obiect: & ne se souciera point si quelques autres perçoiuent l'vsufruict d'vn plus bel obiect que luy. Si que par le benefice de l'Amour il auiét qu'en diuers degrez de felicité chascun sans enuie vit content de sa condition. Il auiēt encor que par l'Amour les ames biē-heureuses sans ennuy ny degoust des mesmes viandes se repaissent eternellement, d'autant que pour delecter les Conuiez, ne suffisent ny viādes ny vins, si la faim & la soif ne les alleche: & dure autant la delectation comme l'appetit suffist. Or l'appetit est le susdit Amour. Parquoy l'Amour eternel dont tousiours enuers Dieu l'ame est embrasee, fait que l'ame iouysse tousiours de Dieu, comme de chose nouuelle. Et cest Amour est tousiours embrasé de la mesme Bonté de Dieu, par laquelle l'Amant deuiēt bien-heureux. Nous deuons donques breuemēt recueillir trois benefices de l'Amour. Premierement qu'en nous restituant en la naturelle entiereté, laquelle nous auons perdue en la diuision, il nous remeine au Ciel. Secondement qu'il arrange chascun en sieges conuenables, les rendant tous en ceste distribution contens & reposez. Tiercement que mettant au loing tout ennuy & degoust par son ardeur continuelle, tousiours il embrase en no͏̃ nouuelle delectation. Et pourtant il rend nostre ame de doulce iouyssance bien-heureuse & contente.

ORAISON

ORAISON V.

QVE L'AMOVR EST TRES-HEVREVX par-ce qu'il est bon & beau.

CHAP. I.

CHARLES Marsupin digne nourriçon des Muses, suiuit depuis, Chrestofle Landin, interpretant la harangue d'Agathon en ceste maniere. Nostre Agathon estime l'Amour estre vn Dieu tresheureux, parce qu'il est tresbeau & tresbō. Et met en cōte ce qui est requis à estre tresbeau, & ce qui est requis à estre tresbō. Auquel demembrement il depeint l'Amour mesme. Et apres qu'il a raconté quel est l'Amour, il ennombre les benefices de luy concedez à la generatiō humaine. Or voicy le sōmaire de sa dispute. A nous appartient premierement de rechercher pour quelle occasion voulant monstrer l'Amour estre bienheureux, il dit qu'il est fort Beau, & fort Bon: & quelle differéce il y a entre la Bonté & la Beauté. Platon au Filebe dit celuy estre bienheureux à qui rien ne default: & cela estre ce qui est parfaict & accomply en toute partie. L'vne perfection est interieure, l'autre est exterieure. Nous appellons l'interieure Bonté, l'exterieure Beauté. Et pourtant celuy qui est en tout Bon & Beau, nous l'appellons tres-heureux, comme parfaict en toute partie. Et ceste difference voyons nous en toutes les choses. Parce que comme veulent les Fisiciens & Filosofes naturels, le temperament esgal des quatre Elements interieur és pierres precieuses enfante & produit dehors la politesse & splendeur agreable. Plus les herbes & les arbres par la fecondité interieure sont par dehors vestues & ornees de tres-agreable varieté de fleurs & de fueilles. Et aux animaux le bon temperamēt & salutaire complexion des humeurs engendre & produit ioyeuse & delectable apparence de couleurs & de lignes : & la vertu de l'Ame monstre par dehors vn certain ornement aux paroles, & vne bien-seance tres-honneste aux gestes & aux actions. Mesmes les Cieux & leur substance sublime sont reuestus de tres-claire lumiere. En toutes ces choses la perfectiō de dedans produit la perfection de dehors. Et celle là nommōs-nous Bonté, celle-cy Beauté. Pour laquelle chose nous voulons que la Beauté soit la fleur de la Bonté. Et par les attraits & allechemens de ceste fleur, quasi cōme par vne certaine amorce, la Bonté qui est dedans cachee at-

La Beauté la fleur de bonté.

trait & alleche les circonstans. Mais parce que la cognoissance de nostre entendement prend & emprute son origine des sens: nous n'entendrions ny n'appeteriós iamais la bonté dedans les choses cachee, si nous n'estions à icelle códuits par les indices & marques de la Beauté exterieure. Et en cecy apparoist l'admirable vtilité de la Beauté, & de l'Amour, qui est son compagnon. Par les choses susdites i'estime qu'il a esté assez declaré, qu'il y a aussi grande difference entre la Bonté & la Beauté, qu'il y a entre la semence & les fleurs. Et cóme les fleurs estans nees des semences des arbres produisent encores semences. Ainsi la Beauté qui est fleur de Bonté, ainsi qu'elle naist du bien, aussi elle remene au bien les Amãts. Ce que nostre Iean Caualcant a traité amplement en son discours.

COMME CVPIDON SE DEPEINT,
& par quelles parties de l'Ame se cognoist la
Beauté & s'engendre l'Amour.

CHAP. II.

APRES cecy Agathon raconte amplement quelles choses sont requises à la belle apparence du Dieu Cupidon, & dict ainsi: Cupidon est ieune, tendre, dextre, concordant, & tout plein de splédeur. Il nous appartient de dire ce q̃ rapportent ces parties à la Beauté: & puis declairer en quelle maniere elles appartiennent au Dieu Cupidon. Les hommes ont raison & sens: La raison par soymesme comprend les raisons incorporelles de toutes les choses. Le sens par les cinq sentimens de son corps sent les images & qualité des corps : les couleurs par les yeux: par les oreilles les voix: les ordeurs par le nais : par la

I iij

langue les saueurs: par les nerfs les qualitez simples des Elements, comme est le chauld, le froid, & semblable. Si qu'autant qu'il appartient à nostre propos, six puissances & facultez de l'ame sont attribuees à la cognoissance: raison, veuë, ouye, le flair, le goust, & le touchement. La raison a quelque resemblance auec Dieu: la veuë auec le feu, l'ouye auec l'air, le flair ou l'odorat auec les vapeurs: le goust auec l'eau: & le touchement auec la terre. Par-ce que la raison va recherchant choses celestes, & n'a point de propre siege en aucun membre du corps, ainsi que la Diuinité ne s'enferme en aucune partie du Monde. Et la veuë, c'est à dire, la vertu de voir, est logee en la supreme partie du corps, comme le feu en la supreme partie du Monde: & par sa nature elle prend la lumiere qui est propre

proportion et conuenance du monde visible, de l'homme.

du feu. L'ouye enſuit la veuë non autrement que l'air pur ſuit le feu: & atteint les voix qui s'engédrent en l'air briſé, & par le moyen de l'air entrent dans les oreilles. Le flair ou l'odorat eſt aſſigné à l'air caligineux, & aux vapeurs meſlees d'air & d'eau: par-ce qu'il eſt mis entre les oreilles & la lãgue, cõme entre l'air & l'eau: & comprend facilement, & aime aſſez les vapeurs qui naiſſent par la meſlange de l'air & de l'eau. Comme ſont les odeurs des herbes, des fleurs, & des pommes treſ-douces & agreables au flair des narines. Qui fera doubte de cõparer le gouſt à l'eau? Lequel ſuccede à l'odorat comme à vn air gros & eſpais, & nage touſiours en la liqueur de la ſaliue, & ſe delecte beaucoup au boire, & aux ſaueurs humides? Qui doubtera encore d'aſſigner le touchement à la Terre? Comme

I iiij

ainsi soit que par toutes les parties du Corps, qui est terrien, se repande le touchement: & aux nerfs qui sont fort terriens s'accomplit le toucher: & apprehende facilement les choses qui ont solidité & pois, ce qui procede de la Terre. Dont aduient que le touchemét, le goust, & l'odorat sentent seulement les choses qui leur sont fort prochaines: & en les sentāt souffrent beaucoup. Bien q̃ le flairement apprehende choses plus elongnees que le goust, ny le touchemét. Mais l'oüye apprehéde encor choses plus elōgnees, & n'est pas tant offensee. La veuë agit & œuure encor plus au loing: & fait en vn momét ce que l'oüye fait en temps, d'autant qu'on void premierement l'esclair qu'on oye le tōnerre. La raison cōprend les choses de tresloing: parce que non seulement elle apprehende les choses qui sont au monde, & presentes, comme faict le sens, mais aussi celles qui sont sur le ciel, & celles qui ont esté, ou seront. Par ces choses se decouure manifestement que des six puissances & facultez de l'ame trois en appartiennent au corps, & à la matiere: comme est le touchement, le goust & l'odorat. Et les trois autres appartiennent à l'esprit: & cellescy sont la raison, la veuë, & l'ouïe. Et pourtant les autres trois qui declinent plus au corps, conuiennent plus aueques le corps qu'auec l'ame. Et les choses qui sont d'eux comprinses, comme ainsi soit qu'elles meuuent le corps à eux conuenable, à grand peine paruiennēt elles iusques à l'ame: & comme luy estās peu semblables, peu luy plaisent elles. Mais les autres trois, qui sont treselōgnees de la matiere, conuiennēt beaucoup plus auecques l'ame, & preignent les choses qui emeuuét biē peu le corps, & esmeuuent beaucoup l'ame. Certainement les odeurs, les saueurs, le chauld & semblables qualitez donnēt aide ou grāde nuisance au corps. Mais elles sont peu à l'admiration & jugement de l'ame, & sont moyennement desirees d'elle. Mais la raison de la verité non corporelle, couleurs, figures, voix, bien peu & a grand' peine meuuent le corps : mais bien elles assubtilient l'ame à la rechercher, & rauissent à soy son desir. La viande de l'ame c'est la verité : pour la trouuer aident les yeux, & pour l'apprendre les oreilles. Et pourtant les choses qui appartiennent a la raison, veuë, & ouye, l'ame les desire, pour l'amour & fin de soy-mesme, comme propre nourrissement. Et les choses qui meuuét les autres sens sont plustost necessaires pour le cōfort, nourrissement & generatiõ du corps. L'ame doncques cherche celles-cy, non à cause de soy, mais d'autruy, c'est a dire du corps. Et nous disons les hõmes aymer les choses, lesquelles ils desirent pour leur but & fin: & n'aymer pas proprement celles qu'ils ayment pour la fin d'autruy. A bon droict doncques nous voulons que l'amour appartienne seulement aux sciences, figures, & voix. Et pourtãt la grace qui seulement se trouue en ces trois obiets, c'est à dire en la vertu de l'ame, figures, & voix, par-ce qu'elle prouoque beaucoup l'ame, elle se nomme καλὸς, Kalos, c'est à dire, inuitatoire, mot tiré du verbe grec καλέω, Kaléo, qui veult dire, i'inuite: & καλὸς, Kalos en Grec, signifie en françois Beauté. Aggreable nous est la vraye & bonne coustume de l'ame. Aggreable est l'elegante figure du corps: Aggreable la consonance des voix. Et d'autant que l'ame aime beaucoup ces trois choses, & les tiét en assez plus grand pris, comme luy estans plus propres & mieux accommodees, & presque incorporelles, qu'il ne fait pas les trois autres: pourtant il est conuenable qu'elle les recherche auec plus grande auidité, qu'elle les embrasse auecques plus grand ardeur, & s'en esmerueille auecques plus de vehemence. Et ceste grace de vertu, figure, ou voix qui appelle à soy l'ame, & la rauit par le moyen de la raison, la veuë, & l'oüye, se nóme à bon droit Beauté. Ce sont les trois Graces, desquelles Orfee parle en ceste maniere: La Splendeur, la Verdeur, & la Ioye abõdante. Orfee appelle Splendeur ceste Grace & Beauté de l'ame laquelle resplendit en la clarté des sciences & des coustumes, & apelle Verdeur la souëfue douceur de la figure & de la couleur: par-ce qu'elle florist principalement en la verde ieunesse. Et appelle Ioye, ceste syncere, vtile, & continuelle delectation que nous presente la Musique.

QVE LA BEAVTE EST CHOSE spirituelle.

CHAP. 3.

ESTANT ainsi, il est necessaire que la Beauté soit vne nature commune à la vertu, aux figures, & voix: parce que nous n'appellerions pas aulcun de ces trois Beau, si en tous les trois il n'y auoit commune diffinitiõ de la beauté. Et par cecy se voit que la nature de la beauté ne peut estre corps: d'autant que si elle estoit corps, elle ne conuiendroit pas aux vertus de l'ame, qui sont incorporelles. Et est si loin d'estre corps, que nó seulement celle qui est es vertus de l'ame, mais aussi celle qui est es corps & es voix, ne peut estre corporelle. Par-ce que bien que nous appellions beaux aucuns corps, toutesfois ils ne sont pas beaux à cause de leur matiere. Encor qu'vn mesme corps d'homme soit auiourd'huy beau, & demain par quelque aduenture laid & difforme, comme si c'estoit autre chose d'estre corps, & autre chose d'estre beau. Les corps aussi ne sont pas beaux pour leur quantité. Parce qu'aucuns corps grands, & aucũs petits apparoissent beaux & bien formez. Et souuentesfois les grands sont deformes, & les petits bien-formez: comme aussi au cõtraire les petits sont laids, & les grands tres-aggreables & de belle representation. Il auient encor souuét qu'il y a vne semblable beauté en aucũs grãds corps, & en aucuns petits. S'il est donques ainsi que souuent demeurant la quátité mesme, la Beauté par quelque cas d'auenture se mue, & la quantité muee quelquefois, la Beauté demeure: & que souuent il y a semblable grace és grands & és petits: Certainement ces deux choses Beauté & Quantité doiuent en tout estre diuerses. En outre, s'il estoit ainsi que la beauté de quelque corps fust en la grosseur du corps comme corporelle, si est ce qu'elle ne plairoit pas à qui la regarderoit, entant qu'elle seroit corporele: parce qu'à l'ame plaist l'espece de quelque personne, non entãt qu'elle gist en la matiere exterieure: mais entant que l'image d'icelle est prinse & recueillie de l'ame par le sẽs de la veuë. Et telle image à la veuë & à l'ame ne peut estre corporelle, icelles n'estans pas corporelles. En quelle maniere la petite prunelle de l'œil comprendroit elle vn si grand espace du Ciel, si elle la comprenoit en corporelle maniere? En nulle sorte. Mais l'esprit en vn point reçoit toute l'amplitude du corps en mode spirituelle & image incorporelle. A l'ame plaist seulement l'espece qui est d'elle apprehendee. Et bien qu'elle soit similitude d'vn corps extrinseque, neantmoins en l'ame elle est incorporelle. Donques, l'espece incorporelle est celle qui plaist, & ce qui plaist est agreable, & ce qui est agreable est beau, dont on peut tirer conclusion que l'Amour se raporte à chose incorporelle : & la Beauté est plustost vne certaine similitude spirituelle de la chose, qu'espece corporelle. Il y en a d'aua d'aucuns qui ont opinion, que la Beauté est vne certaine assiette de tous les membres, ou vrayemét vne symmetrie & proportion aueques quelque gratieuse meslange de couleurs. L'opinion de ceux-cy nous ne receuons pas: parce qu'estant ceste disposition des parties seulement és choses composees, il s'ésuyuroit que aucunes choses simples ne pourroiét estre belles. Toutesfois nous voyós que les pures couleurs, les lumieres, vne voix, vne lueur d'or, la blancheur de l'argent, la science, l'ame, la pensee, & Dieu, qui sont choses simples, neantmoins sont fort belles. Et telles choses nous delectent beaucoup comme doüées d'vne grande beauté. Adioustez-y que telle proportion enclost ensemblement tous les membres du corps composé, de sorte que de par soy elle n'est en aucũ

K

des membres, mais en tous enſemble: donques aucun des membres en ſoy ne ſera beau. Or la proportion de tout le corps naiſt ſeulement des parties: dont reſulte vne abſurdité, qui eſt q̃ les choſes, qui ne ſont point belles de leur nature, produiroient la beauté. Il auient auſſi ſouuentesfois que demeurant la meſme proportion & meſure des membres, le corps ne plaiſt pas tant que du commēcemēt. Certainemēt auiourd'huy en voſtre corps eſt la meſme figure qui eſtoit l'an paſſé, & non la meſme grace. Rien n'enuieillit plus tard que la figure, riē pluſtoſt n'enuieillit que la grace. Et pourtant il eſt manifeſte que ce n'eſt pas tout vn que la figure & la Beauté. Et encores ſouuētesfois nous voyons en quelcun eſtre plus droite la diſpoſition, & meſure des parties, qu'en vn autre, toutesfois nous ne ſçauons pour quelle occaſion l'autre ſe iuge eſtre plus beau, & qu'il eſt aymé plus ardemment. Ce qui nous admoneſte que nous deuons eſtimer la Beauté eſtre quelque autre choſe, outre la diſpoſition des mēbres. La meſme raiſon nous enſeigne que nous ne ſoupçonniós que la Beauté ſoit vne gratieuſe téperature de couleurs: parce que ſouuentesfois la couleur en vn vieillard eſt plus claire, & en vn ieune homme y a plus grande grace. Et en ceux qui ſont eſgaux d'age il arriue quelquefois que celuy qui ſurmōte l'autre de couleur, eſt de l'autre ſurmōté de grace & de beauté. Pource que aucun ne s'enhardiſſe d'affermer que l'eſpece eſt vne meſlange de figure & de couleurs : parce qu'ainſi les ſciences & les voix qui n'ont ny couleur ny figure : voire meſme les couleurs

K ij

& les lumieres qui n'ont point de figure determinee, ne seroient dignes d'aymer. En outre, la conuoitise de chascun, depuis qu'on possede ce qu'on vouloit, sans doubte est accõplie: ainsi que la faim & la soif s'appaisent par le mãger & le boire. Mais l'Amour ne s'assouuit par aucun aspect, ny touchement de corps. Donques il ne cherche aucune nature de corps, ains cherche seulement la Beauté : dont on conclud qu'elle ne peut estre chose corporelle. Par ces raisons il apparoist que ceux qui sont embrasez d'amour, ont soif de la Beauté: s'ils veulent aueques le breuage de ceste liqueur esteindre la soif tres-ardente, il est de besoing qu'ils cherchent la tresdoulce humeur de la Beauté pour estancher leur soif ailleurs qu'au fleuue de la matiere & aux ruisseaux de la quantité, figure,

& couleurs. O miserables Amants en quel lieu vous tournerez vous? Qui a esté celuy qui a embrasé les flammes tres-ardentes dedans voz cueurs? Qui esteindra si grãd embrasement? Qui est le grand ouurage, & qui est le trauail? Ie le vous diray, mais soyez attentifs.

QVE LA BEAVTE EST LA splendeur de la face de Dieu.

CHAP. 4.

LA diuine Puissance sur-paroissante à l'Vniuers, aux Anges, & aux ames d'elle creez, benignement infond, ainsi qu'à ses enfans, ce sien rayon, dans lequel est la vertu feconde à creer quelconque chose. Ce ray diuin en ceux-cy, comme plus prochains à Dieu, depeint l'ordre de

tout le móde beaucoup plus expreſ-
ſement qu'en la matiere mondaine.
Pour laquelle choſe ceſte peinture
du monde laquelle nous voyós toute és Anges, & és Ames, eſt plus ex-
preſſe, que non pas deuant les yeux.
En iceux eſt la figure de quelconque
Sfere du Soleil, de la Lune, des Eſtoil
les, des Elements, Pierres, Arbres, &
Animaulx. Ces Peintures ſe nom-
mét és Anges exemplaires & Idees:
és ames, raiſons & notices: en la matiere du monde, images & formes.
Ces Peintures ſont claires au monde: plus claires en l'Ame, & ſont tres-
claires en l'Ange. Donques vne meſme face de Dieu reluiſt en trois miroirs mis par ordre, en l'Ange, en
l'Ame, & au corps mondain. Au pre
mier comme plus prochain d'vne
façon tresclaire: au ſecond comme
plus eſlongné, moins claire: au tiers

comme tref-eflongné, fort obfcure. Puis la Saincte Pẽfee de l'Ange, d'autant qu'elle n'eft empefchee du miniftere & organe du corps, elle fe reploye en foy-mefme, où elle void cefte face de Dieu en fon fein empreinte. Et le voyant elle f'efmerueille, & f'efmerueillãt auecques vn grãd & ardent defir toufiours elle f'vnit auec elle. Or nous appellons Beauté cefte grace de la face diuine. Et appellons Amour l'ardẽt defir de l'Ange, par lequel il fe cole du tout à la face diuine. Pleuft à Dieu mes amis, q̃ cela no⁹ auint aufsi. Mais noftre ame creee à cefte condition, qu'elle foit enuironnee du corps terrien, decline au miniftere corporel, de laquelle inclination eftãt aggrauee, met en oubly le threfor qui eft caché en fa poitrine. Depuis qu'elle eft enuelopee au corps terrien, long temps elle fert

K iiij

à l'vsage du corps, & à cest œuure accommode tousiours le sens, & y accommode encores la raison plus souuent qu'elle ne doibt. Dont auient que l'ame ne regarde pas la lumiere de la face diuine qui tousiours en elle resplendit, que premierement le corps ne soit parcreu & la raison excitee: par laquelle elle considere la face de Dieu qui reluist manifestement aux yeux en la machine du monde. Par laquelle consideration elle se haulse à remirer ceste face de Dieu qui resplendist dedans l'ame. Et parce que la face du pere est agreable aux enfans: il est necessaire que la face de Dieu pere tres-bon soit aux ames tresagreable. La splendeur & la grace de ceste face soit en l'Ange, ou en l'ame, ou en la matiere mondaine, se doibt nommer Beauté vniuerselle: & l'appettit qui se tourne deuers elle est l'Amour vniuersel. Or nous ne doubtons point que ceste beauté ne soit incorporelle: d'autant qu'il est manifeste qu'en l'Ange, & en l'ame elle n'est pas corps : & nous auons encores demonstré cy dessus qu'és corps mesmes elle est incorporelle: pour le present nous le pourrós entendre de ce que l'œil ne void autre chose que la lumiere du Soleil: par-ce que les figures & les couleurs des corps ne se voyent iamais sinon qu'elles soyent illustrees de la lumiere: & ne paruiennent point auecques leur matiere à l'œil : & toutesfois il semble necessaire qu'elles doiuent estre és yeux, à ce que des yeux elles soiēt veués. Dōcques vne lumiere de Soleil depeinte des couleurs & figures de tous les corps ausquels elle bat & frappe, se represente aux yeux. Les yeux à l'ayde d'vn certain ray naturel qu'ils ont, preignent la lumiere du Soleil ainsi depeinte : & depuis qu'ils l'ont prinse, ils voyent icelle lumiere, & toutes les peintures qui sont en icelle. Parquoy tout cest ordre du Monde qui se void, est comprins des yeux, non pas en la sorte qu'il est en la matiere des corps : mais en la sorte qu'il est en la lumiere, laquelle est aux yeux infuse. Et par-ce qu'il est en la lumiere ja separé de la matiere, necessairement il est sans corps. Ce qui se decouure manifestement, d'autant que la lumiere ne peult estre corps : comme ainsi soit qu'en vn moment d'Orient en Occident elle remplit presque tout le Mõde, & penetre de toute part le corps de l'air, & de l'eau, sans aucune offense. Et se repandant sur choses pourries & relantes, elle ne se souille point. Ces conditions ne conuiennent point à la nature du corps. Par-ce que le corps se meut en espace de tēps, & non en vn momēt: & vn corps ne penetre point l'autre, sans dissipation de l'vn ou de l'autre, ou de tous les deux. Et deux corps ensemble meslez se troublent de mutuelle & reciproque contagion. Ce que nous voyons en la confusion & meslange de l'eau & du vin, du feu & de la terre. Comme ainsi soit doncq que la lumiere du Soleil soit incorporelle, ce qu'elle reçoit, elle le reçoit selon sa propre maniere. Pourtant elle reçoit les couleurs & les figures des corps en maniere spirituelle. Et en la mesme sorte elle se void estre receuë des yeux. Dont aduient que tout l'ornement de ce mōde, qui est la tierce face de Dieu, par la lumiere incorporelle du Soleil s'offre incorporel à noz yeux.

CHAP. 5.

DE toutes ces choses s'ensuit que toute la grace de la face diuine qui se nomme vniuerselle Beauté, non seulement en l'Ange, & en l'Ame est incorporelle, mais aussi en l'aspect des yeux. Non seulement ceste face toute ensemble : mais aussi ses parties nous aimons esmeus d'admiration. D'où naist l'amour particulier, il y a particuliere beauté. Ainsi nous mettons affection en quelque homme, comme membre de l'ordre mõdain, mesmement quand en iceluy reluist manifestement l'estincelle de l'ornement diuin. Ceste affection depend de deux causes, tant parce que l'image de la face paternelle nous plaist:

que mesmes pource que l'espece &
la figure de l'homme proprement &
cointement composee s'approprie &
agence moult aptement auecque le
seau ou raison de la generation humaine, laquelle nostre ame a prinse
de l'Autheur de tout, & la retient en
soy. C'est pourquoy l'image de l'hôme exterieure prinse par les sens, passant en l'ame, s'elle discorde de la figure de l'homme, laquelle l'ame de
son origine possede, soudain elle se
deplaist: & comme laide & deforme
engendre haine. Si elle s'y concorde,
elle plaist en effect, & comme belle
s'aime. Pource il aduient qu'aucuns
rencontrez de nous, soudain nous
plaisent ou nous deplaisent, encores
que nous ne sçachions point la cause
de tel effect. Parce que l'ame empeschee au ministere du corps, ne regarde point les formes qui par nature

sont dedans elle. Mais par la naturelle & cachee disconuenance ou conuenance, s'ensuit que la forme de la chose exterieure auec só image poussant la forme de la chose mesme qui est depeinte en l'ame, est dissonante ou bien consonante: & de ceste offense cachee ou bien allechemét, l'ame estãt esmeuë hait ou aime la chose susdite. Ce ray diuin duquel nous auõs parlé cy dessus, infond en l'Ange & en l'Ame la vraye figure de l'home qui se doibt engendrer entiere: mais la composition de l'homme en la matiere du Monde, laquelle est fort eslongnee de l'artifice diuin, degenere de ceste sienne figure entiere. En la matiere mieux disposee elle resulte plus semblable, en l'autre moins. Celle qui resulte plus semblable comme elle s'approprie auecques la force de Dieu, & auec l'idee de l'Ange: ainsi encor elle s'approprie à la raison & seau qui est en l'ame: l'ame approuue ceste couenance de s'approprier, & en ceste conuenance consiste la beauté: & en l'approbation consiste l'affection d'amour. Et par-ce que l'idee & la raison ou vrayement le seau sont estranges de la matiere du corps: pourtant la composition de l'homme se iuge semblable à iceux: non par la matiere, ou par la quantité, mais par quelque autre partie incorporelle. Et selon qu'elle est semblable: elle conuient auec iceux, & selon qu'elle y conuient elle est belle. Et pourtant le Corps & la Beauté sont diuers. Si quelqu'vn demãde en quelle maniere la forme du corps peult estre semblable à la forme & raison de l'ame, *Belle comparaison.* & de l'Ange: Ie prie tel personnage qu'il considere l'edifice de l'Archite-

&cte. Du commencement l'Architecte conçoit en son ame la raison, & comme l'idee de l'edifice, apres il fabrique la maison (autant qu'il peult) telle qu'il la disposee en sa pésee. Qui denira la maison estre corps ? Et icelle estre fort semblable à l'incorporelle idee de l'artisan, à la semblance de laquelle elle a esté faite ? Certainement elle se doibt iuger semblable plustost par vn certain ordre corporel, que par la matiere. Efforce toy vn peu d'en tirer la matiere si tu peux. Tu l'en peux tirer auecques la pésee: Or sus tire à l'edifice la matiere, & & laisse l'ordre suspendu, il ne te restera du corps materiel aucune chose : ainçois sera tout vn l'ordre qui vient de l'artisan, & l'ordre qui en l'artisan demeure: Dea! fay cela mesme au corps de quelque homme que tu vouldras, & ainsi tu trouueras
la for-

la forme d'iceluy qui s'approprie auecques le seau de l'ame, estre simple & sans matiere.

COMBIEN DE PARTIES SONT requises à faire la chose belle: & que la beauté est don spirituel.

CHAP. 6.

FINALEMENT quelle chose est la Beauté du corps ? Certainement c'est vn certain acte, vigueur, & grace qui resplédit au corps par l'influs de son idee. Ceste splendeur ne descend point en la matiere, si premierement elle n'est fort cointement preparee. Or la preparatiõ du corps viuant s'accomplit en trois choses, en ordre, en mode, & en espece. L'ordre signifie les distances des parties : la mode signifie la quantité: l'espece signifie les lineamens & couleurs. Par-ce qu'en

Preparation du corps consiste en trois choses.

L

premier lieu il est besoin que chascuns des mêbres du corps ayent l'assiette naturelle, c'est à dire que, les oreilles, les yeux, le nais, & les autres membres soient en leurs lieux propres. Et que les deux yeux soient egallement prochains du nais : & que les deux oreilles soient egallement distantes des yeux. Or ceste egallité de distances qui appartient à l'ordre ne suffist pas encores, si la mode des parties n'y est aioustee. Laquelle atribue à chaque membre sa deuë grandeur ayant egard à la proportion de tout le corps. Qui est que la longueur de trois nais accóplissent l'entiere longueur du visage : & encores les deux demy-cercles des oreilles ensemble conioints facent le cercle de la bouche ouuerte : ce que facent aussi les sourcils, s'ils se conioignent ensemble : la longueur du nais egalle

Symmetrie & commensuration du corps humain.

la longueur de la leure, & semblablement de l'oreille : & les deux ronds des yeux egallent l'ouuerture de la bouche. Huict fois la mesure de la teste face la lõgueur de tout le corps. Pareillement les bras estendus des deux costez, & les iambes estendues facent la hauteur du corps. Outre cecy nous estimons que l'espece est necessaire, à ce que les traits artificiels des lignes, & les crespes, & la splendeur des yeux donnent ornement à l'ordre, & à la mode des parties. Ces trois choses bien qu'elles soient en la matiere, neantmoins elles ne peuuẽt estre aucune partie du corps. L'ordre des membres n'est aucun membre : par-ce que l'ordre est en tous les membres, & nul membre ne se retrouue en tous les membres. Adioustez-y que l'ordre n'est autre chose que la conuenante distance des par-

L ij

ties. Or la diſtance eſt ou le rien, ou le vuide, ou vn trait de lignes. Mais qui dira les lignes eſtre corps ? Comme ainſi ſoit qu'elles n'ayent longueur ny profondeur, qui ſont au corps neceſſaires. Outre cecy, la mode n'eſt point quátité, mais eſt terme de quátité. Les termes ſont ſur-face, lignes, & points. Leſquelles choſes n'ayans point de profondité ne ſe doiuẽt pas nommer corps. Plaçons encores l'eſpece nõ en la matiere, ains en la plaiſante cõcorde des lumieres, ombres, & lignes. Par ceſte raiſon ſe demonſtre la Beauté eſtre tant elongnee de la matiere corporelle, qu'elle ne ſe communique à icelle matiere : ſi elle n'eſt diſpoſee auecques ces trois preparations incorporelles, leſquelles nous auons recitees. Le fondement de ces trois preparations eſt la complexiõ temperee des quatre Elemẽts:

de mode que noſtre corps eſt fort ſemblable au Ciel. Duquel la ſubſtance eſt temperee, & ne ſe rebelle point contre la forme de l'ame pour le dereglement d'aucune humeur. Ainſi la celeſte ſplendeur apparoiſtra facilement au corps ſemblable au Ciel. Et ceſte parfaite forme de l'homme, que poſſede l'ame, reſultera plus propre en la matiere pacifique & obeiſſante. Preſque en la meſme ſorte les voix ſe diſpoſẽt à receuoir leur beauté. Leur ordre eſt de mõter de la voix graue à l'huitieſme, & deſcendre de l'huitieſme à la graue. La mode eſt de diſcourir deuëmẽt par les tierces, quartes, quintes, & ſixieſmes voix, les tons, & demy-tons. L'eſpece eſt la reſonance de la voix claire. Par ces trois choſes, comme par trois Elements les corps de pluſieurs membres compoſez, comme ſont arbres,

Des voix de la Muſique.

L iij

& animaux, & encores l'assemblement & meslange de plusieurs voix, se disposent à receuoir la beauté: & les corps plus simples, comme sont les quatre Elements, les Pierres, & les Metaulx. Et les simples voix se preparẽt à icelle beauté suffisammẽt par vne certaine fecondité temperee & clarté de leur nature. Mais l'ame luy est de sa nature bien accommodee. Mesmement en ce qu'elle est esprit, & comme miroir fort prochain à Dieu. Auquel, comme nous disiõs cy dessus, reluist l'image de la face diuine. Donques comme il n'est point de besoin d'adiouster rien à l'or pour le faire paroistre beau, mais suffist d'en separer les parties de la terre, s'il est d'icelles offusqué: Ainsi l'ame n'a besoin qu'on luy adiouste aucune chose pour faire qu'elle apparoisse belle, mais est besoing de deposer la cure & follicitude du corps tant ennuyeuse, & la perturbation de la cōuoitise & de la crainte, & soudain la naturelle beauté de l'Ame se monstrera. Mais afin que nostre discours n'outrepasse de beaucoup le but proposé, nous cōclurons bréuement par les choses susdites, la Beauté estre vne certaine grace vigoureuse & spirituelle. Laquelle par le ray diuin premieremēt est infuse és Anges, puis és ames des hōmes, & par apres és figures & voix corporelles. Et ceste grace par le moyen de la raison, de la veuë, & de l'oüye meut & delecte nostre ame : & en la delectation la rauit, & au rauissement d'ardente amour l'enflamme.

L iiij

DE LA PEINTVRE D'AMOVR,
CHAP. 7.

APRES Agathon le Poëte, selon l'vsage des anciens Poëtes, vest ce Dieu Amour d'image humaine: il le depeint à la semblāce d'vn bel hōme & bien-formé: Et dit l'Amour estre, IEVNE, TENDRE, PLOYABLE OV BIEN AGILE, PROPREMENT COMPOSÉ ET NET. Ces parties icy recitees sont plustost preparations à la Beauté, que la Beauté mesme. Par ce que de ces cinq parties les trois premieres signifient la complexion temperee, laquelle est le premier fondement: les autres designent la mode, & l'espece. Les Filosofes naturels ont demonstré l'indice de la complexiō temperee estre la delicate & ferme egalité de la tendre chair: car où le chauld surmonte

Marques de la complexiō temperee du corps.

de beaucoup, le corps est sec & velu: où abóde le froid, il est dur: où la siccité, il est aspre: où l'humidité, il est labile, inegal, & tors. Doncq l'egalle & ferme tédresse du corps demóstre que la dispositió d'iceluy es quatre humeurs est temperee. Pour ceste occasion Agathon appelle l'Amour MOL, DELICAT ET TENDRE. Mais pourquoy l'appelle-il IEVNE? parce que non seulement par benefice de la nature: mais aussi de l'age on possede la sus-dicte temperance. D'autant que par la longueur du temps sont dissoultes les parties subtiles du corps, dont restét les parties plus grosses: parce que le Feu & l'Air s'exhalant demeure la sur-abondance de l'Eau & de la Terre. Et pourquoy le nomme il AGILE ET PLOYABLE? A celle fin q̃ vous entendiez qu'il est apte, idoyne, & prompt à tous mouuemēs. Or ne penfez pas quand il l'appelle mol, que par cela il vueille entédre la moleſſe feminine inepte & pareſſeuſe: car icelle eſt diuerſe de la complexiō temperee. Apres il adiouſte, COINTEMENT COMPOSÉ. C'eſt à dire, d'ordre & de mode des parties tres-honneſtemēt figuré. Il y adiouſte encor, ET NET, c'eſt à dire reluiſant d'vne doulce & plaiſante eſpece de couleurs. Ces preparations eſtans premiſes, Agathon ne decouure point ce qui d'icy ſenſuit. Mais à nous il appartient d'entédre que depuis ces preparations vient celle grace & bien-ſeance qui eſt Beauté. Et ſ'expoſent ces cinq parties en la figure de l'homme, en la ſorte que nous auons recitee. Mais en la puiſſance d'Amour elles ſe doiuent autrement entendre, parce qu'elles demonſtrēt sa force & qualité. L'Amour est depeint IEVNE: parce que communement les ieunes deuiennent amoureux, & les enamourez appetent l'age de la ieunesse. MOL, parce que les esprits & cueurs debónaires sõt plus facilement épris de l'Amour: & ceux qui en sont épris, bien qu'au parauãt ils fussent fiers & haultains, deuiennent neantmoins humbles & debónaires. AGILE ET PLOYABLE: parce qu'il viẽt en cachette, & en cachette se part. APTE ET COMPOSÉ: parce qu'il desire choses belles & bien ordonnees, & fuit les cõtraires. NET, c'est à dire, splendide, parce qu'en l'age florie & luisante il inspire le cueur de l'homme, & desire choses florissantes. Et d'autãt que au texte Agathon traicte ces choses copieusement, il nous suffist de les auoir breuement touchees.

CHAP. 8.

OR les choses qu'Agathon traite des quatre vertus sont mises pour signifier la bonté d'amour: & premierement il l'appelle IVSTE: parce que où il y a entier & vray Amour, là est mutuelle & reciproque bienueillance: laquelle ne permet point qu'on se face iniure de faits, ou vileine de paroles. Et est si grande la force de ceste charité, qu'elle seule peut conseruer la generation humaine en paix tranquille. Ce que ne peut faire la prudence, la magnanimité, la force des armes, ou des loix, ou de l'eloquence, si la bien-vueillance ne luy aide. Il l'appelle depuis TEMPERÉ: parce qu'il domte les cõuoitises deshonnestes. Et c'est que l'amour cherchant la Beauté laquelle consiste en vn certain ordre & temperance, il a en hayne les viles & immoderees concupiscences, & fuit tousiours les gestes qui ne sont point honnestes. Ce que Iean Caualcant a traité assez du commencenent. D'auantage où c'est que l'Amour regne, toutes les autres conuoitises sont meprisees. Il y adiouste qu'il est TRES-FORT, parce qu'il n'y a chose quelconque plus forte que la hardiesse, & nul ne combat aueques plus grāde hardiesse que fait l'Amant pour l'Aymé. AVX AVTRES DIEVX. C'est à dire, aux autres Planetes. Mais est superieur de force, parce qu'il faict les hommes plus forts. Cóme ainsi soit que quand Mars est posé és angles, ou en la seconde, ou bien en l'huitieme maison des Genitures, il menace de cas malheureux les enfans nez en tel horoscope. Venus luy venāt souuentesfois coniointe ou opposee, ou le receuant, ou l'œilladant d'vn Sextil, ou Trine aspect, tue (pour dire ainsi) & amolit la malignité d'iceluy. Mars quand il obtient la seigneurie en la natiuité de l'homme, il donne grandeur de courage, & courroux. Et si Venus s'y conioint de fort pres, bien qu'elle n'empesche point la magnanimité de Mars concedee, neantmoins elle bride & retient le vice du courroux. En quoy il semble que rédant Mars plus clement elle le domte. Mais MARS NE DOMTE IAMAIS VENVS, parce que si Venus obtient la seignωrie de la natiuité de l'hôme elle octroye affection d'amour. Et si Mars s'y ioint de biē pres auecques sa chaleur il rēd l'impetuosité de Venus plus ardéte, de sorte q̄ si quelcun naissant Mars se trouue en la maison de Venus, comme est la Balāce & le Thoreau, celuy qui naist sera pour la presence de Mars beaucoup soumis aux flammes d'Amour. MARS ENCOR SVIT VENVS: VENVS NE SVIT POINT MARS, parce que la hardiesse suit l'Amour, & l'Amour ne suit point la hardiesse: d'autant que les hommes ne s'enamourent pas proprement pour estre hardis : mais souuét pour estre ferus d'amour deuiennent tres-hardis à se commettre à tout peril pour la chose aymee. Finalement le signe tresmanifeste de la singuliere force d'Amour est cestuy, q̃ toutes choses luy obeissent, & à nulle il n'obeist : parce que les habitateurs du Ciel ayment, & ayment les animaux, & ayment tous les corps. Les hommes riches & les puissants Roys soumettent le col à l'empire d'Amour. Mais l'Amour ne se soumet à nul de ceux-cy. Par-ce que les dōs des riches n'acquierēt point l'amour: les menaces & violēces des Puissans ne nous peuuent cōtreindre à aymer, ou faire que nous nous departions d'amour. L'amour est libre & naist de gré en la libre volonté, laquelle Dieu mesme ne contreindra point: par-ce que du commencement il ordonna que la volonté deust estre libre. Si que l'Amour faict force à chascun, & ne reçoit violence d'aucun. Et est si grande sa liberté, que les autres affections, arts, & operations de l'ame desirent le plus souuent prix diuers d'elles mesmes. Mais l'amour de soy mesme est cōtent, comme si luy seul estoit son prix & loyer. Comme s'il n'y auoit point autre prix outre l'Amour, qui de l'Amour soit digne prix: parce que celuy qui ayme, specialement

cialement il ayme l'Amour: d'autant que sur tout il recherche que l'aymé l'ayme. IL EST AVSSI TRES-SAGE. Par quelle raison Amour est createur & conseruateur de tout, & maistre & seigneur de tous les arts, il a esté assez amplement traité en l'Oraison d'Erisimaque: parce que en ces choses la sapience d'Amour se demonstre. Par la disputation superieure est conclu que pour ceste cause l'Amour est tres-heureux, pour ce qu'il est tresbeau & tresbon. Qu'il soit tresbeau, il apparoist parce qu'il se delecte de choses belles, comme à luy semblables. Et qu'il soit tresbon, il se void en ce qu'il fait les amants tresbons. Or est il necessaire que celuy soit tresbon, lequel faict tresbon autruy.

M

CHAP. 9.

Que c'est qu'Amour, il a esté declaré en nostre discours, & quel il est, il est apparu cy dessus par les paroles d'Agathon. Et quels dons il concede aux hommes facilement il se manifeste par les choses predites. L'vn Amour est simple, l'autre est reciproque. Le simple fait tout homme qu'il esprend, prudent à preuoir, agu à disputer, abondant à raisonner, magnanime aux choses qu'il fault executer, gaillard aux choses ioyeuses, prompt és ieux, & tres-fort aux choses graues. L'Amour reciproque ostãt les perils, apporte seureté: ostãt la dissension, engendre la concorde: & chassant la misere, introduit la felicité. Où il y a charité reciproque, il n'y a point d'embusches ny de trahisons: mais les choses y sont communes: & en sont bannis les discords, les larcins, les homicides, & les guerres. Agathon declare en ceste Oraison telle tranquillité naistre de l'amour reciproque non seulement és animants: mais aussi és Cieux, & és Elements. Ce qui est encores cy dessus amplement demonstré en l'Oraison d'Erisimaque. En la fin de l'Oraison presente il est dit, que l'Amour aueques sa chaleur adoulcist les pensees des Dieux & des hommes. Ce qu'entendra quiconque se recordera que cy dessus il est demonstré l'Amour estre en toutes choses, & à toutes se repandre.

QVE L'AMOVR EST PLVS ANtique & plus ieune que les autres Dieux.

CHAP. 10

Mais auāt que ie face fin, ô tref-vertueux amys, ie refoudray trois queftiōs qui naiffent en la difpute d'Agathon. Premierement on demande pour quelle occafion Fedre dit qu'Amour eft plus antique que Saturne & Iuppiter: & Agathon dit qu'il eft plus ieune. Secondemét que fignifie chez Platon le regne de la neceffité, & l'empire d'Amour. Tiercement qui ont efté les Dieux, & quels arts ils ont trouuez durant le regne d'Amour. Dieu pere de tout par amour de prouigner fa femence & par benignité de pouruoir, a engendré les Penfees fes miniftres, lefquelles meuuent les Planetes de Saturne, de Iuppiter, & des autres. Ces Penfees ou intelligēces foudain que de Dieu elles font nees recognoiffant leur Pere, l'aymét. Ceft Amour dont les intelligences sont engendrees, nous disons qu'il est plus antique qu'elles. Et l'amour duquel les intelligences creees ayment leur Createur, nous disons qu'il est plus ieune que les intelligences. En outre la Pensee Angelique ne reçoit point du Pere les Idees de la Planete de Saturne, & des autres, si premierement elle ne se retourne vers la face de Dieu par naturel Amour. Puis la mesme intelligence ayant receu les Idees, ayme le don de Dieu aueques plus grand ardeur. Ainsi donques la delectatiõ de l'Ange enuers Dieu, est en vne sorte plus antique que les Idees qui se nomment Dieux, & en vne autre sorte est plus ieune. Si quo l'Amour est le commencement & la fin: & est le premier & le dernier des Dieux.

QVE L'AMOVR REGNE DEuant la neceßité.

CHAP. II.

R afin que nous resoluiõs la seconde question, il dit que l'Amour regne deuãt la necessité: parce que l'Amour diuin a donné origine à toutes choses de luy nees. En laquelle origine ne se met aucune violence de necessité. Parce que n'ayant aucune chose au dessus de soy, il opere chasque chose, non contreint, mais de libre & franche volonté. L'intelligence Angelique qui le suit, germe necessairemẽt par la seméce d'Amour; & ainsi par Amour il produit, & par necessité elle procede. Icy commence la seigneurie d'Amour: & icy la seigneurie de la necessité. Ceste intelligence biẽ que naissant de la souuereine Bonté de Dieu elle soit bonne: neantmoins parce qu'elle procede hors de Dieu, necessairement elle degenere de l'infinie perfection du Pere: parce que l'effect ne reçoit iamais toute la bonté de sa cause. En ceste necessaire emanation, & degenerement d'affection consiste l'empire de la necessité. Mais l'intelligéce soudain qu'elle est née (comme nous auons dit) elle ayme son autheur: & en cest acte resourd le regne d'Amour, d'autant que par Amour elle s'esleue enuers Dieu: & Dieu par amour illumine celle qui est deuers Dieu retournee. Icy de rechef entre comme par sous main la puissance de la necessité. Comme ainsi soit que la lumiere qui descend de Dieu, n'est pas receuë par l'intelligence en si grande clarté, comme elle est de Dieu donnee. D'autant que

M iiij

l'intelligēce de sa nature est comme tenebreuse, & ne reçoit sinon selon sa capacité naturelle. Et pourtāt par la violēce de la nature receuante ceste lumiere deuient plus obscure. A ceste necessité succede de nouueau la principauté d'Amour: d'autāt que icelle intelligence embrasee par ceste premiere splendeur de Dieu, se retourne en luy ardemment. Et estāt inuitee de ceste estincelle de lumiere, elle en desire toute la possession. C'est pourquoy Dieu par sa benignité & prouidēce, outre ceste premiere lumiere naturelle, donne encor la lumiere diuine. Et ainsi les puissances de l'Amour & de la necessité s'etresuiuent mutuellement l'vne l'autre. Laquelle entresuite és choses diuines s'entend selon l'ordre de nature: & és choses naturelles selon l'interualle du temps: de sorte que l'Amour est le premier & le dernier de tous. Et comme nous auons dit de l'Ange, ainsi deuons nous entendre de l'Ame, & des autres œuures de Dieu, quāt à ces deux Empires. Parquoy si nous parlons absolument, l'empire d'Amour est plus antique que celuy de la necessité: parce qu'iceluy commence en Dieu, & cestuy és choses creees. Mais si nous parliōs des choses creees, la puissance de la necessité est premiere que le regne d'Amour. Comme ainsi soit que les choses premierement procedent par necessité, & en procedant degenerēt auant qu'elles se retournent par Amour enuers Dieu. Orfee a chanté ces deux Empires en deux hymnes: l'Empire de la necessité en l'Hymne de la nuict,

La necessité forte
Sur tout son regne porte.

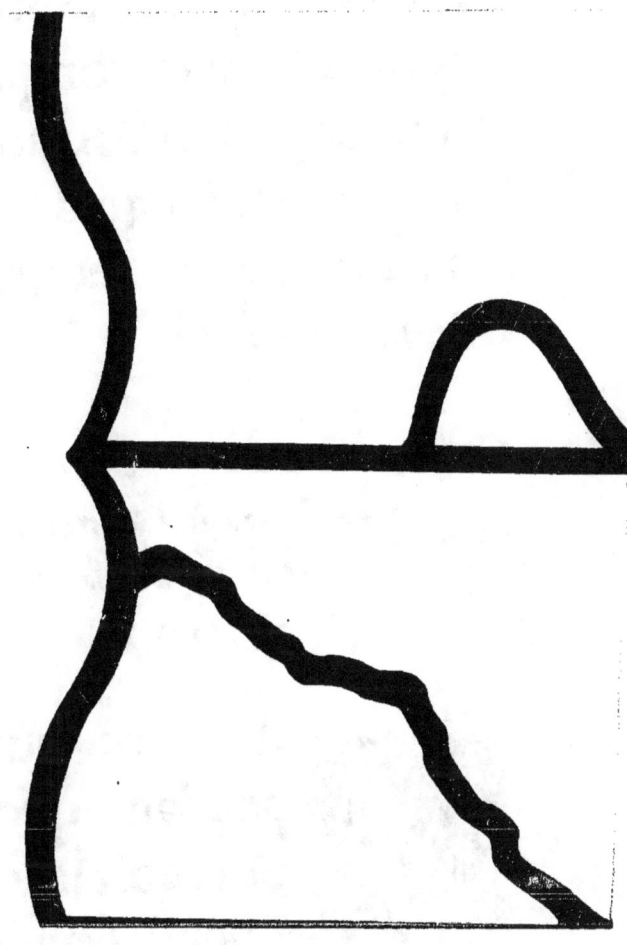

Texte détérioré — reliure défectueuse

NF Z 43-120-11

Il a chanté le regne d'Amour en l'Hymne de Venus en ceste maniere,

Tu commandes tout seul aux trois Parques nõ tẽdres
Et toute chose seul tu produis & engendres.

Diuinemẽt le diuin Orfee met deux Regnes : & faict comparaison entre iceux. Et prefere l'Amour à la necessité, quand il dit qu'il commãde aux trois Parques ou Fees, esquelles consiste la necessité.

EN QVELLE MANIERE AV REgne de la necessité Saturne chastra Celius, & Iuppiter lia Saturne.
CHAP. 12.

MAis en quelle maniere pendant que la necessité obtenoit la seigneurie, les Dieux suyuants ont esté dicts d'Agathõ chastrer & lier leurs Peres, nous l'entendrons facilement par les choses susdites. Il ne fault pas estimer que l'intelligence de l'Ange diuise en soymesme Dieu. Mais bien en icelle se diuise le don qui luy est donné de Dieu. Peu auparauãt nous auõs mõstré que les dõs de Dieu par necessité defaillẽt de leur souueraine perfectiõ en l'esprit qui les reçoit. De là vient q̃ ceste fecondité de nature qui est en Dieu entiere, mais en l'Ange est diminuee, à bon droit est dite estre chastree. Et cela se dit auenir pendant que regne la necessité, d'autant que cela n'auient pas par volõté de qui donne, ou de qui reçoit. Mais bien par ceste necessité par laquelle l'effect ne se peut egaller à sa cause. Et ainsi Saturne, c'est à dire l'Ange semble en chastrer Celius, c'est à dire le souuerain Dieu. Et encores Iuppiter, c'est à dire l'Ame du monde, semble lier Saturne : c'est à dire la puissance de l'Ange receuë restreint en soy par deffault de sa nature, & la reduit à plus estroits confins: parce que la puissance de Saturne est plus ample que celle de Iuppiter. Si que la puissance qui pour son amplitude semble en Saturne libre & frache, en Iuppiter pour l'estroite estédue de sa nature elle se dit estre liee. Et de cecy iusques à present suffise ce que nous auons discouru. Venons à la tierce question.

QVELS DIEVS EST QVELS ARTS ils donnent aux hommes.

CHAP. 13.

Douze Dieux entre les Antiques à imitation de la cōbination ē 12. du nō diuin.

AGATHON estime que par Amour les arts ont esté dōnez des Dieux à la generation humaine. Le regne, de Iuppiter: l'art de tirer sagettes, de deuiner, & de mediciner d'Apollon:

La fabrique des metauls de Vulcan: l'Industrie de tistre & ourdir, de Minerue: La Musique, des Muses. Il y a douze Deitez sur les douze Signes du Zodiaque, Pallas sur le Mouton: Venus au Thoreau : Apollon aux Gemeaux: Mercure au Cancre : Iuppiter au Lion: Ceres à la Vierge: Vulcan à la Liure: Mars au Scorpiõ: Diane à l'Archer : Vesta au Cheurecorne: Iunon au Verseau : Neptune aux Poissons. De ceux-cy tous les arts ont esté concedez à nostre generation: par-ce que tels signes mettent en noz corps de chascun art leurs forces: & ces Deitez les mettét en l'ame. Ainsi Iuppiter par le moyen du Lion fait l'homme bien propre au gouuernement diuin & humain, c'est à dire, à dispenser dignemét les choses spirituelles & temporelles. Apollõ par les Gemeaux nous donne l'industrie de medeciner & tirer de l'arc. Pallas par le Mouton l'art de tiftre. Vulcan par la Liure la fabrique des metaulx, ainſi les autres, les autres arts. Et d'au tant qu'ils nous donnent leurs dons par benignité de leur prouidence, on dit qu'ils font cela eſtans meuz d'Amour. En outre par la treſ-legere & bien ordonnee conuerſion des cieux nous eſtimons naiſtre la conſonance Muſicale. Et par huict mouuemens des huict cieux huict tons : & de tous enſemble ſe produire vne harmonie. Doncques nous appellons les neuf ſons des Cieux les neuf Muſes, à cauſe de la concorde Muſicale. Noſtre ame du commencemēt a eſté doüée de la raiſon de ceſte Muſique. Et à bon droict, attendu que ſon origine eſt du Ciel. Dedans luy eſt nee l'harmonie Celeſte, laquelle depuis elle imite & met en œuure auecques diuers chants & instrumēts. Or ce don comme les autres nous a esté concedé par amour de la Prouidence diuine. Doncques, ô tres-nobles amis, aimons ce Dieu Amour, par-ce qu'il est tres-beau: suyuons le, par-ce qu'il est tres-bon: portons luy reuerence, parce qu'il est tres-heureux. Afin que par sa clemence & largesse il nous concede la possession de sa Beauté, Bonté & Beatitude.

ORAISON VI.

INTRODVCTION AV DISCOVRS d'Amour.

CHAP. I.

ICY mist fin à son parler Charles Marsupin: apres Thomas Bency diligent imitateur de Socrate auec vn cueur allaigre & vne face gaye se print à commenter les paroles Socratiques, disant ainsi: Nostre Socrate par l'oracle d'Apollon iugé le plus sage de tous les Grecs, auoit accoustumé de dire qu'il faisoit profession de l'art amatoire plus que d'aucune autre: Comme s'il vouloit dire que par la congnoissance de cest art, & Socrate, & quelconque autre deuoit estre iugé tref-sage. Cest art n'apprint il point d'Anaxagore, ny d'Ammon, ny d'Archelas Fisiciens, ny de Prodicus Chius, & Aspasie Rhetoriciens, ny de Conon Musicien, desquels il auoit apprins beaucoup de choses: Mais il disoit le tenir de Diotime deuineresse lors qu'elle estoit touchee de l'esprit diuin. Or selon mon iugement il vouloit monstrer que seulement par inspiration diuine les hommes pouuoient entendre quelle chose c'estoit que la vraye beauté, & quel estoit

estoit l'amour legitime, & en quelle maniere on deuoit aimer. Tant est grande la puissance & sublimité de la faculté amatoire. Doncque de ces viandes celestes retirez-vous, retirez vous profanes, qui estás enueloppez en la fange terrienne, & du tout deuoüez à Bacchus & à Priape abbaissez en terre l'amour qui est vn don celeste, & vous veautrez en la fange ainsi que les pourceaux: Mais vous, ô tres-chastes Conuiez, & tous les autres consacrez à Pallas & à Diane: qui pour la liberté de cueur tres-pur, & de la perpetuelle ioye de la Pensee estes en allegresse & chãt de triomfe, ecoutez auec diligẽce les diuins mysteres, reuelez de Diotime à Socrate. Mais auant que vous oyez Diotime, il fault souldre vne certaine question, laquelle naist entre ceux, qui cy dessus ont traité d'Amour, & ceux

N

qui par cy apres en doiuent traiter: Par-ce que les precedentes ont nommé Amour beau, bon, bien-heureux, & Dieu: ce qui ne plaist point à Socrate & à Diotime, ainçois ils le mettét au milieu entre le Beau & le Laid, le Bon & le Malin, le Bien-heureux & le Miserable, Dieu & l'Homme. Nous approuuós l'vne & l'autre sentence, bien que l'vne pour vne raison & l'autre pour vn autre.

QVE L'AMOVR EST AV MILIEV entre la Beauté & son contraire: & qu'il est Dieu & Demon.

CHAP. 2.

La pierre Calamite met au fer vne certaine siéne qualité par laquelle estant le fer fait moult semblable à la Calamite, il s'incline vers icelle pierre: Ceste telle inclinatió entant qu'elle est nee de la Pierre susdite, & qu'elle se retourne vers elle, sans doubte se nomme inclination pierreuse. Mais entant qu'elle est au fer, elle se nomme pareillemēt ferree & empierree: par-ce que telle inclination n'est pas en la pure matiere du fer, ains en la matiere ja formee par la qualité de la Pierre. Et pourtāt elle retient les proprietez de toutes les deux. Le feu aussi par sa qualité, c'est à dire, par le chauld, embrase le lin : & le lin embrasé & suspendu par la qualité du chauld, s'esleue vers la supernelle region du feu. Ceste eleuation que fait le lin, entant que poussé du feu il se tourne vers le feu, se nóme Ignee, c'est à dire de nature de feu. Mais entant qu'il est au Lin (ie dy au Lin non simple, mais ja enflammé) il se nomme de la nature de chascun, aussi biē au Lin comme au Feu egalement de

N ij

Lin & de Feu. La figure de l'homme laquelle souuentesfois par la bonté interieure heureusement concedee de Dieu, est en apparence tres-belle, par les yeux de ceux qui la regardēt, transfond en leur cueur le ray de sa splendeur. Par ceste estincelle l'ame estant tiree comme par vn certain hameçon, se dresse vers l'attrayant. Cest attraict, qui est Amour, parce qu'il depend du bon, du beau, & de l'heureux, & qu'il se tourne en icelluy, sans point de doubte nous le pouuons nommer Beau, Bon, Bien-heureux, & Dieu, selon le iugement d'Agathon & des autres, qui ont parlé cy dessus: & parce qu'en l'ame il est ja embrasé par la presence de ce beau rayon, nous sommes contreins de le nōmer vne certaine affectiō moyenne entre le Beau & non Beau. Parce que l'ame tandis qu'elle ne reçoit l'image d'aucune belle chose, elle ne l'ayme point encores, comme chose non connue d'elle. Et celuy qui possede l'étiere Beauté, n'est point eguillonné des eguillons d'Amour. Car qui est celuy qui desire cela dont il iouïst? S'ensuit dõques qu'en ce tēps l'ame s'embrase d'Amour ardente, lors qu'ayant trouué quelque spectable image de chose belle, & d'icelle gousté quelque saueur en son iugement par tel goust est incitee à l'entiere possessiõ d'icelle. Comme ainsi soit dõques que l'ame en partie possede icelle chose belle, & en partie en est defectueuse: raisonnablement en partie elle est belle, & en partie non belle. Et en telle maniere nous voulons q̃ par telle meslāge Amour soit vne certaine affection moyenne entre beau & laid, participant de l'vn & de l'autre. Et certainement pour ceste raison Diotime, afin que quelquefois nous retournions à elle, appellé l'Amour Demon. Parce que comme les Demons sont esprits moyens entre les celestes & terriens esprits, ainsi l'Amour tient le milieu entre la Beauté & la priuation d'icelle. Que son esgard soit entre la Belle nature & la non-belle, assez Iean Caualcant l'a declaré en sa premiere & seconde Oraison.

DES AMES DES SFERES
& des Demons.
CHAP. 3.

MAis ie veux que vous cognoissiez en quelle maniere les Demons habitent la region moyenne entre le Ciel & la Terre, par les paroles de Diotime en ce banquet & par celles de Socrate au Filebe & au Fedre, & par celles du voyager Athenien au liure des Loix, & de l'Epinomide,

Platon estime que toute la machine de ce monde, est meuë & gouuernee d'vne ame. Parce que le corps du monde est composé de tous les quatre Elemēts, & les parcelles du monde sõt les corps de tous les animaux. Le petit corps de quelcõque animal est parcelle du corps du monde. Et n'est point dit petit corps, composé de l'entier Element du Feu, Air, Eau ou Terre: mais de certaines parties de ces Elements. Doncques d'autant que le tout est plus parfait que la partie, d'autant est plus parfait le corps du monde que le corps de quelconque animal. Certainement ce seroit vne chose mal-conuenable que le corps imparfait eust ame, & le parfait fust sans ame. Qui est l'homme si simple qui die la partie viure, & le le tout ne viure point? Donques tout le corps du monde vit, puis que les

Preuue de l'ame du mõde.

corps des animaux viuent qui font parties d'iceluy tout. Il est besoin que l'ame de l'Vniuers soit vnique, ainsi comme est vnique la matiere, & vnique l'edifice. Comme ainsi soit donques selon l'auis de Platon, qu'il y aye douze Sferes du monde, huict Cieux, & quatre Elements: & que ces douze Sferes soyent entre elles separees & diuerses d'especes, de mouuements & de proprieté: Il est necessaire qu'elles ayēt douze ames diuerses de vertu, & d'especes. Donques l'ame de la premiere matiere sera vnique, & douze seront les Ames des douze Cercles. Qui niera que la Terre, & l'Eau ne viuent, lesquelz donnent vie aux animaux d'eulx engendrez? Que si ces grossieres matieres du monde viuent, & sont pleines de viuants, pour quelle occasion l'air & le feu estans plus excellés, ne doyuét-ils viure? & auoir par semblable leurs animaulx? Et ainsi des Cieulx en semblable maniere. Il est biē certain que nous voyons les animaux du ciel, qui sont les Estoilles, & les animaux de la Terre & de l'Eau: mais ceux du Feu & de l'Air ne se voyent pas: d'autant qu'on ne void pas le pur Element du Feu & de l'Air. Mais voicy la difference, qu'il y a en la terre deux generations d'animaux, raisonnables, & brutaulx. Et semblablement en l'Eau. Consideré que l'Eau estant corps plus digne que la Terre, ne doibt pas estre moins abondant d'animaux raisonnables que la Terre. Mais les dix Cercles d'audessous par leur excellence sont seulement ornez d'animaux raisonnables. L'ame du Monde, c'est à dire de la premiere matiere, & les ames des douze Sferes, & des Eſtoilles, parce que elles ſuyuent ſouuerainement Dieu, & les diuins Anges, ſont par les Platoniques nommez Dieux mõdains. Et les animaux qui ſous le Cercle de la Lune habitent la region du Feu Etheré, ſe nomment Demons: & pareillement ceux de l'Air pur: & ainſi de ceux de l'air nuageux qui eſt pres de l'Eau. Et les animaux raiſonnables qui habitent la terre, ſont nommez hommes. Les Dieux ſont immortels & impaſſibles: les hommes ſont paſſibles & mortels: les Demons certainemẽt ſont immortels, mais ils ſont paſſibles. Ils n'attribuent pas pourtant aux Demons les paſſions corporelles: mais bien certaines affections de l'ame, par leſquelles ils ayment les hommes bons, & ont en hayne les meſchants. Et ſ'entremeſlent amiablement & ardemment à gouuerner les choses inferieures, & mesmemẽt les humaines. Tous ceux-cy entant qu'à cest office & deuoir apparoissent bons. Et encores partie des Platoniques ensemble auecques les Theologiens Chrestiens veullent qu'il y aye quelque nombre de malins Demons, mais icy ne se dispute point pour le present des malins, & les bons qui ont de nous la garde sont d'vn nom propre & conuenable nommez par S. Denis Areopagite Anges gouuerneurs du monde inferieur, ce qui ne discorde point de la sentence de Platon. Nous pouuons encores selon l'vsage de S. Denis appeller Anges ministres de Dieu les esprits que Platõ nomme Dieux, & les ames des Sfreres, & des Estoilles. Ce qui n'est point discordant de Platon. Parce qu'il est manifeste en son x. liure des Loix, qu'il n'enferme pas ces ames es corps des Sferes, ainsi que sont enfermees en leurs corps les ames des animaux terriens. Mais il afferme qu'ils ont esté de Dieu doüez d'vne si grãde vertu qu'ils peuuent ensemble & ioüir de Dieu, & sans aucun trauail ou ennuy, selon la volõté de leur pere regir & mouuoir les cercles du monde: & les mouuãt facilement gouuerner les choses inferieures. Si qu'entre Platon & sainct Denis y a difference de paroles plustost que de sentence.

DES SEPT DONS QVI DESCENdent de Dieu aux hommes par le moyen des Ministres de Dieu.

CHAP. 4.

LES idees de toutes choses sont en la Pensee diuine, & à icelles seruent les Dieux mondains; & aux dons des Dieux seruent les Demons. Par-ce que du supreme au plus bas degré de la nature, toutes choses passent par moyés conuenables, en telle sorte que les idees qui sont conceuës en la Pensée diuine, communiquēt aux hommes leurs dons par le moyen des Dieux & des Demōs. Et sont ces dons principalement sept en nombre : Subtilité de contempler, Puissance de gouuerner, animosité, Clarté de sens, Ardeur d'amour, Pointe aguë d'entendement pour interpreter, & fecondité d'engendrer. Dieu contient en soy principalement la force de ces dons : apres il concede ceste puissance aux sept Dieux qui meuuent les sept Planettes : lesquels sont par nous nommez les sept Anges qui tournent à l'entour du throne de Dieu: de mode que chascuns reçoiuét d'vn don plus que d'vn autre selon la proprieté de leur nature. Et ces Dieux distribuent les dons aux ordres des Demons à eux soumis selon la mesme proportion. Certainement Dieu infond ces dons aux ames dés le cōmencement quand de luy elles naissent : & les ames descendent és corps du Cercle Laité par le Cancre , & se contournent* en vn voile celeste & luisant, auquel estans enueloppees elles s'enfermét dans les corps terriens. Par-ce que l'ordre naturel requiert q̃ l'ame trespure ne se conjoigne à ce corps impur, sinon par le moyen d'vn pur voile, lequel estát moins pur que l'ame, & plus pur que ce corps grossier est estimé des Platoniques estre vn fort commode accouplement de l'ame auec le corps terrien. Dōt auient que les ames des Planettes à noz ames, & leurs corps à noz corps conferment & fortifient ces sept dons,

*Il entend le corps Æthéré, que les secrets Auditeurs de Moyse appellent Gufa kadissa c'est le corps saint.

qui du commēcement nous ont esté donnez de Dieu. Au mesme office & deuoir sont attentiues & embesongnees autre-tant de natures de Demons, qui se tiennent au milieu entre les celestes & les hommes. Saturne fortifie le don de la contemplation par le moyen des Demons Saturnins. Iuppiter la puissance du gouuernement & de l'empire par le ministere de ses Demons Iouiaulx. Et semblablemēt mars par les Martiaux fauorise la grandeur de courage. Le Soleil à l'ayde des Demons Solaires illustre la clarté des sens & des cōceptions, dont s'ensuit la puissance de deuiner. Venus par les Veneriés Demons incite à l'Amour. Mercure par les Mercuriaux dresse l'esprit à interpreter & prononcer. Finalement la Lune par le moyen de ses Lunaires Demons augmente l'office de la ge-

neration. Et bien qu'à tous les hommes ils concedēt faculté de ces choses, si est-ce qu'ils les conferent plus speciallement à ceux, en la conception & natiuité desquels selon la disposition du Ciel ils ont plus de seigneurie. Lesquelles choses combien qu'en verité venans de disposition diuine elles soyent honnestes, neantmoins elles peuuēt quelquefois sembler déshonnestes, quand nous n'en vsons pas droitement. Ce qui est manifeste en l'vsance du gouuernemēt, grandeur de courage, Amour, & generatiō. Dōques l'instinct d'Amour (pour abreger) est concedé du souuerain Dieu, & de Venus qui se nomme Deesse, & de ses Veneriens Demons. Et parce qu'il descēd de Dieu, il se peult nommer Dieu ou Diuin: & d'autāt qu'il est confermé des Demons, il se peult appeler Demonial.
Pour

Pour laquelle cause, raisonnablemēt il est nommé par Agathon Dieu, & par Diotime Demon, ie dy, Demon Venerien.

DES ORDRES DES DEMONS VE-neriens, & en quelle maniere ils dardent l'Amour.

CHAP. 5.

ON dit que le Demon Venerien est de trois sortes. Les Platoniques mettent le premier en la Venus Celeste, c'est à dire en l'intelligence de la Pensee Angelique. Le second en la Venus Vulgaire, qui signifie celle puissance d'engendrer, qui est en l'ame du mōde. Lesquels se nommēt deux Demons: parce qu'ils sont au milieu entre la beauté & priuatiō d'icelle, comme nous auons touché

O

cy dessus, & le demonstrerons encor plus clairement par cy apres. Le tiers Amour est l'ordre des Demons, qui accompagne la Planette de Venus. Cestuy-cy encor se diuise en trois ordres: Aucuns sont assignez à l'element du Feu, aucuns autres à l'element de l'Air tres-pur, aucuns à l'Air plus grossier & nuageux: & tous se nõment Heroës, qui signifie Amoureux, lequel vocable Heroës vient d'vn mot Grec, qui est Ἔρως, Eros, qui signifie Amour. Les premiers Demons dardent leurs fleches és hommes, dans lesquels domine la cholere, qui est vne humeur embrasee. Les seconds sur ceux esquels domine le sang, qui est humeur aëree. Les tiers en ceux esquels domine le flegme, & la melancholie, qui sont humeurs aqueuses & terrestres. Et combien que tous les hommes soyent ferus

Le nom de Heroës se peut deduire de l'Hebreu Horin, cõme ils disent Bene Horin les fils des Nobles, les Heroïques, ou Heroins.

des sagettes de Cupidon, neātmoins quatre gēres d'hommes en sont plus blessez que les autres: Car Platon demonstre au Fedre que celles ames sont fort dardees des sagettes d'Amour, lesquelles suyuent Iuppiter, Febus, Mars, ou Iunon: & icy Iunon signifie Venus. Et elles estans enclinees à l'Amour dés le commencement de leur generation, il dit qu'elles ayment souuerainemēt les hommes qui sont nez soubs les Estoilles mesmes. De là vient que les Iouiaulx aux Iouiaulx, les Martiaulx aux Martiaulx, & ainsi aucuns autres à d'autres portēt vne affection tres-grāde.

DE LA MANIERE DE s'enamourer.

CHAP. 6.

CE que ie diray en l'exemple d'vn, entendez-le des autres. Chascune ame qui sous la seigneurie de Iuppiter descend au corps terrien conçoit en descendant vne certaine figure de fabriquer vn homme conuenāt à l'estoille de Iuppiter: laquelle figure elle engraue fort proprement en son corps Etheré, qui est tres-bien agencé & accommodé à la receuoir. Et si pareillement elle trouue en terre vne semence temperee, en icelle aussi elle depeint la tierce figure fort semblable à la secóde & à la premiere. S'elle trouue le contraire, elle ne sera pas semblable. Il auient souuent que deux ames seront descendues, Iuppiter regnant, combien qu'en diuers temps, & l'vne d'icelles estant echeuë en terre à semence accommodee aura son corps parfaitement figu

ré selon les Idees de la premiere.
Mais l'autre ayant trouué matiere inepte, aura bien encommencé le mesme ouurage, mais ne l'aura pas accomply auecques si grande similitude à l'exemple de soymesme. Ce corps là est plus beau que cestuycy. Mais tous les deux par vne certaine resemblance de nature se plaisent mutuellement. Il est vray que celuy plaist d'auātage qui est entr'eux iugé le plus beau. Dont il auient que chacun aime principallement, non quiconque est tres-beau, mais aime les siens, ie dy ceux qui ont eu natiuité semblable, encores qu'ils ne fussent pas si beaux que plusieurs autres. Et pourtant ainsi cōme nous auons dit, ceux qui sont nez sous vne mesme estoille sont disposés en telle maniere: que l'image du plus-beau d'entr'eux entrant par les yeux en l'ame de cest

O iij

autre s'y conforme entieremēt auecques vne certaine image formee dés le commencement de la generation tāt au voile celeste de l'ame, comme au sein de l'ame. L'ame de cestuy ainsi frappee, recognoist comme chose sienne l'image de celuy qu'elle r'encontre : laquelle est presque entierement telle qu'elle la contient en soy-mesme dés le commencement, & qu'elle auoit ja voulu l'engrauer en son corps, mais elle n'auoit peu. Laquelle soudain elle fiche en son image interieure. Et si quelque partie luy manque & default, reformant elle la rend meilleure à la parfaite forme du corps Iouial. Et depuis ayme cest image ainsi reformee, cōme son ouurage propre : delà vient que les amāts sont tant engānez & trompez, qu'ils iugēt la personne aymee estre plus belle qu'elle n'est. Par-ce qu'àtrait de temps ils ne voyent point la chose aymee en la propre image perceuë par les sens, mais ils la voyēt en l'image ja formee de leur ame à la semblance de leur Idee. Ils desirent aussi continuellement veoir ce corps duquel ils ont prinse telle image. Car bien que l'ame (encor qu'elle soit priuee de la presence du corps) en soy neantmoins conserue l'image d'vn tel : & bien que quant à elle, elle luy soit à suffisance : toutesfois les esprits & les yeux qui sont instruments de l'ame, ne conseruēt pas telle image. Sans doubte il y a trois choses en nous, Ame, Esprit, & Corps. L'ame & le corps sont de nature moult diuerse, & se conioignēt ensemble par le moyen de l'esprit: Lequel est vne certaine vapeur tressubtile & luisāte engēdree par la chaleur du cueur de la plus subtile partie du sang. Et de là estãt repãdue par tous les mēbres elle prēd la vertu de l'ame,& la cōmunique au corps. Elle perçoit aussi par les instruments des sens les images des corps de dehors, lesquelles images ne se peuuēt ficher en l'ame:parce que la substãce incorporee,qui est plus excellente que les corps, ne peut estre formee d'iceux par la reception des images. Mais l'ame estãt presente à l'esprit en toute partie, void legeremēt les images des corps reluisants en l'esprit ainsi qu'en vn miroir, & par icelles iuge des corps. Et telle cognoissance est nommee Sens par les Platoniques. Et pendant qu'elle y regarde, par sa vertu elle cōçoit en soy images semblables à icelles,& encor plus pures. Et telle conception se nomme imagination & fantasie. La memoire cōserue les images conceües en ce lieu.

Et pourtant l'œil de l'entendement est souuét incité à regarder les Idees vniuerselles de toutes les choses, lesquelles il contiét en soy. A ceste cause l'ame tandis qu'elle regarde auec le sens vn certain homme, & qu'elle le conçoit auec l'imagination, communement par son Idee & notion eunee elle contemple auec l'entédement la nature & diffinition commune à tous les hommes. Donques à l'ame conseruát l'image de l'homme beau (ie dy l'image en elle vne seule fois conceüe) & l'ayant reformee, suffiroit bien d'auoir veu quelquefois la personne aymee. Neantmoins à l'œil & à l'esprit est requise la perpetuelle presence du corps exterieur: afin que par l'illustration d'iceluy continuellement ils s'illuminent, se confortent & se delectent. Lesquels comme miroirs prennent l'image par la presence du corps, & par l'absence la delaissent. Ceux-cy donques par leur poureté cherchent la presence du corps: & l'ame le plus souuent leur voulant seruir est contreinte desirer icelle mesme.

DE LA NAISSANCE D'AMOVR

CHAP. 7.

Ais il est maintenāt tēps de retourner à Diotime. Comme ainsi soit doncq que ceste-cy disoit pour les causes que nous auons amenees, Amour estre au nōbre des Demons, en ceste maniere elle demonstra son origine à Socrate. Le iour de la naissance de Venus s'estāt trouué au Bāquet Potus fils du Conseil yure pour auoir beu du Nectar, il se conioignit auecques Penie au verger de Iuppiter. De laquelle conionction nasquit Amour le iour de la natiuité de Venus. C'est à dire, quand la pensee de l'Ange, & l'ame du Monde, lesquelles pour la raison susdite nous nommons Venus, naissoient de la souueraine maiesté de Dieu, les Dieux estoient au Banquet: C'est asçauoir, Celius, Saturne & Iuppiter ja se repaissoiēt de leurs propres biens. Car quand l'intelligence en l'Ange, & la vertu d'engendrer en l'ame du Monde, lesquelles proprement nous appellons deux Venus, venoient en lumiere, ja estoit le Dieu supreme que nous appellōs Celius: estoit aussi l'essence & la vie en l'Ange, lesquelles nous appellons Saturne & Iuppiter; & pareillemēt estoit en l'ame du Mōde la cognoissance des choses supernelles, & l'agitation des corps celestes: lesquels aussi nous nommons

Mystere du Paradis des delices, ou Gan Eden, voilé par Platon.

Saturne & Iuppiter. Porus & Penie signifient abondance & pauureté: Porus fils de Conseil est l'estincelle du souuerain Dieu. Certainement Dieu se nomme Conseil, & fontaine de Conseil: par-ce que c'est la verité & la bonté de toutes choses, par la splédeur duquel tout conseil deuiét vray: pour duquel obtenir la bonté tout conseil se dresse. Le verger de Iuppiter s'entend la fecondité de la vie Angelique, auquel quand Porus y descend, c'est à dire, le ray de Dieu, cóioint auecques Penie, qui est auec la pauureté laquelle estoit premieremét en l'Ange, il cree l'amour. L'Ange premierement par iceluy Dieu est & vit. Entant que ces deux choses essence & vie, il se nomme Saturne & Iuppiter. Il a encor la puissance d'entédre: laquelle selon nostre iugemét se nóme Venus. Ceste puissance si elle n'est illuminee de Dieu est de sa nature informe & obscure: ainsi cóme est la vertu de l'œil auát qu'à luy paruienne la lumiere du Soleil. Nous estimons que ceste obscurité soit Penie quasi poureté & defaillāce de lumiere. Mais ceste vertu d'entendre par vn sien certain instinct naturel s'estát tournee vers le Pere, reçoit de luy le ray diuin, qui est Porus & l'abódance, dans lequel non autremét qu'en vne certaine semence se renferment les causes de toutes choses. Par les flammes de ce ray s'embrase le naturel instinct. Cest embrasemét & ceste ardeur qui naist de l'obscurité de la premiere, & de l'estincelle qui s'y ioinct de sur-croist, est l'Amour né de poureté & de richesse. Il est engendré au verger de Ioue, c'est à dire, sous l'ombre de la vie. Comme ainsi soit que soudain depuis la vigueur de la vie luy naisse tref-ardẽt desir d'entendre. Mais pourquoy est-ce qu'ils induisent Porus estre yure de Nectar? Parce qu'il bronche & passe par la rousee de la viuacité diuine. Mais pourquoy est-ce que l'Amour est en partie riche, & en partie poure: Par-ce que nous n'auons pas accoustumé de desirer les choses lesquelles sont entieremẽt en nostre possession, ny celles aussi, lesquelles nous manquent du tout. Et veu que chascun cherche la chose qui luy deffault, celuy qui entierement la possede, à quel propos chercheroit il plus outre? Et posé qu'aulcun ne desire les choses desquelles il n'a point de cognoissance, il est necessaire qu'en quelque sorte nous ayons notice de la chose que nous aymons. Et ne suffist pas encores d'en auoir quelque notice, par-ce que souuent nous auons en hayne plusieurs choses qui nous sont cognues. Mais il est besoin aussi que nous estimions qu'elle nous doyue estre vtile & plaisante. Et ne semble pas encor que cela nous induise à vne grande bienuueillāce, si premierement nous ne iugeons qu'aisement nous pouuons obtenir ce que nous pensons estre plaisant & agreable. Quiconques donc ayme quelque chose, certes il ne la possede pas entierement. Neantmoins il la cognoist auecques la cogitatiō de l'ame, & la iuge plaisante & a espoir de la pouuoir obtenir. Ceste cognoissance, iugement & esperance est comme vne anticipation du bien absent. Car il ne desireroit point, si ceste chose ne luy plaisoit: ny ne luy plairoit point si d'elle il n'auoit eu prenotion & auant-cognoissance. Consideré donques que les Amants ont en partie ce qu'ils desirẽt & en partie non, nõ sans propos on dit l'amour estre meslé d'vne certaine poureté & richesse. A ceste cause la supernelle Venus embrasee par ce premier goust du ray diuin,& trãsportee par amour à l'entiere plenitude de toute la lumiere, par cest effort s'approchant de son pere aueques plus grãde efficace soudain resplendit souuerainement par la trespleine splendeur d'iceluy. Et ces raisons de toutes les choses, lesquelles estoient premieremẽt en ce rayon (q̃ nous nõmõs Porus) cõfuses & enuelopees: ja s'approchãs de la puissance de Venus, reluisent plus claires & pl⁹ distinctes. Et presque telle proportiõ qu'a l'Ange à Dieu, l'a aussi l'Ame du Monde à l'Ange & à Dieu : Par-ce qu'icelle se reployant aux choses superieures, pareillement d'icelles receuant

ceuant le rayon, s'embrase : & s'embrasant engendre l'amour meslé d'abondance & de cherté. Estant doncq ornee de la forme de toutes choses à l'exéple & patron d'icelles elle meut les Cieux. Et auecques sa puissance d'engendrer, engendre semblables formes à elles en la matiere des Elements. Icy derechef nous voyons encores deux Venus. L'vne est la force de ceste ame de congnoistre les choses superieures : l'autre est sa force de procreer les choses inferieures. La premiere n'est pas propre de l'Ame, ains est vne imitation de la contemplation angelique. La secóde est propre de l'Ame. Et pourtant chasque fois que nous mettons Venus en l'Ame, nous entendons sa force naturelle, laquelle est sa propre Venus : & quand nous en mettons deux, nous entendons que l'Ame soit aussi com-

P

mune à l'Ange, & l'autre soit propre de l'ame: Soient doncques deux Venus en l'Ame, la premiere Celeste: la seconde Vulgaire. Que toutes deux ayent l'amour: la Celeste aye l'amour à pourpēser la diuine Beauté: la Vulgaire aye l'amour à engédrer la Beauté mesme en la matiere du Monde. Car tel ornement qu'elle void, tel le veult-elle dōner (autāt que son pouuoir s'estend) à la machine du Monde. Ainçois l'vne & l'autre est transportee à engendrer la Beauté. Mais chascune à sa mode. La celeste Venus s'efforce de depeindre en soymesme auecques son intelligence l'expresse similitude des choses superieures. La Vulgaire s'efforce en la matiere mōdaine enfanter & produire la beauté des choses diuines, qui est en elle conceüe par l'abondance des semences diuines. Nous appellons le premier

guillōs de cestuy nous suiuōs les estudes de filosofie, & les offices de la iustice & de pieté. Il y a d'auātage en la
puissāce d'ēgēdrer vn eguillō caché à
engēdrer enfās & est cest amour perpetuel duquel noꝰ somes cōtinuelle-
mēt incitez à engrauer en l'effigie des
enfās quelque similitude de la beauté
supernelle. Ces deux amours sont en
nous perpetuels. Ces deux Demons
lesquels Platō dit estre tousiours presents à noz ames (desquels l'vn nous
tire en hault, & l'autre en bas) l'vn se
nomme Calodemō, qui signifie bon *Les Hebreux*
Demon, l'autre Cacodemō qui s'en- *les nomment*
tend malin Demon. Veritablement *Iezzer Lob,*
tous deux sont bons : Par-ce que la *& Iezzer*
procreation des enfans est necessaire *Raá.*
& honneste, comme la recherche de
la verité. Mais l'occasion pourquoy
le second Amour se nomme maling
Demon, c'est d'autant que nostre v-

P iij

sage desordonné bien souuent nous trouble, & diuertit l'ame à ministeres auilis la retirant de son bien principal, lequel consiste en la speculatiõ de la verité. Au milieu de ces deux il y a trois autres amours en nous. Lesquels d'autant qu'ils ne sont pas tresfermes en l'Ame, comme ces deux: ains cõmencent, croissent, diminuẽt, defaillent, se nomment plus droitement mouuemens & affections, que Demons. De ces trois amours l'vn est proprement au milieu entre les deux extremes susdits : les autres deux penchent plus à l'vne extremité, qu'à l'autre. Certainement quand la figure de quelque corps, pour estre la matiere bien preparee, est principalement telle que la diuine Pensee la contient en son idee, se representant deuant les yeux, par les yeux elle penetre en l'esprit, & soudain plaist à l'ame. Car elle est consonāte aux raisons, lesquelles cōme exemplaires de la mesme chose se cōtiennent en nostre entendement, & en la puissance d'engendrer: Et sont du commencement de Dieu en nous infuses. D'icy naissent ces trois Amours. Parce que nous sommes engendrez & eleuez auec inclination à l'vne des trois vies: c'est à dire, ou à la vie cōtēplatiue, ou actiue, ou voluptueuse. Si nous sommes faits enclins à la contemplatiue, soudain par l'aspect de la forme corporelle nous nous esleuons à la cōsideration de la spirituelle & diuine. Si à la voluptueuse, soudain par la veüe nous tombons en la concupiscence du touchement. Si à l'actiue & moralle, nous perseuerons seulemēt en la delectation de voir & de conuerser. Les premiers sont tant ingenieux qu'ils s'esleuent tres hault. Les

P iiij

derniers sont tant grossiers qu'ils trebuschét en l'abisme. Ceux du milieu demeurent en la moyenne region. Donques tout Amour commence par la veuë, comme chante le Poëte, Si ne le sçais, l'œil est guide en Amour. Mais l'Amour du cótemplatif de la veuë s'esleue à l'entendemét. L'Amour du voluptueux de la veuë descend au touchement : l'Amour de l'actif demeure en la veuë : l'Amour du contemplatif approche plus du Demon supreme, que de l'infime. Celuy du voluptueux approche de l'infime d'auantage : celuy de l'actif approche egallement autant de l'vn q̃ de l'autre. Ces trois Amours prénent trois noms : L'Amour du contemplatif se nomme diuin : celuy de l'actif humain : & celuy du voluptueux, Bestial.

QVELLES PASSIONS SONT ES
Amants par occasion de la mere d'Amour.

CHAP. 9.

JVSQVES icy nous auons declaré l'Amour estre Demon, engendré de poureté & d'abondāce: & estre diuisé en cinq especes. Pour l'aduenir nous declarerons selō les paroles de Diotime quelles affectiōs & passiōs naissent és Amants de ceste telle nature d'Amour. Voicy les paroles de Diotime. Parce que l'Amour est né au iour Natal de Venus, pourtant il ensuit Venus, & appette les choses belles, d'autant que Venus est tresbelle: & parce qu'il est fils de la poureté, pourtant il est aride, maigre, & deffait: il a les pieds nuds, il est humble, sans maison, sans lict, & sans couuerture aucune. Il dort aux huis, en la voye, au ciel serein, & est tousiours necessiteux. Et parce qu'il est fils de l'abondance, pourtant il tend les lacs aux personnes belles & bonnes. Il est masculin, hardy, fier, vehement, fin, accort, apipeur, & tousiours va tissant & ourdissant nouuelles toiles. Il est studieux en la prudence, facód au parler : & par tout le cours de sa vie il va philosophant. Il est enchanteur, il ensorcele par les yeux : il est puissant, malicieux, & Sofiste. Il n'est pas du tout immortel selon sa nature, ny du tout mortel. Ains souuentesfois en vn mesme iour il germe & vit : ce qu'il fait chasque fois que la matiere luy abonde. Quelque fois il manque, & de nouueau se rauigoure par la nature de son Pere. Et ce qu'il a conquis, mesmes s'enfuit de luy. Parquoy l'Amour n'est ne mendiant ny riche : & est mis au milieu entre la Sapience & l'Ignorance. Iufques icy parle Diotime. Nous expoferons fes paroles auec telle brieueté qu'il nous fera poffible. Les fufdictes conditions encor qu'elles foyent en toutes les generations d'Amour : neantmoins elles fe trouuent clairement és trois du milieu, comme plus manifeftes. Eftant engendré au iour natal de Venus, il fuit Venus : c'eft à dire eftant l'Amour engendré enfemble aueques les fupernels efprits, lefquels nous appellons Veneriens, remene conuenablemét noz ames aux chofes fupernelles. Il defire les chofes belles, parce que Venus eft tresbelle. C'eft à dire, il embrafe les ames du defir de la fouueraine & diuine Beauté. Eftát iceluy né en ces efprits, lefquels pour eftre plus prochains de Dieu, font illuftrez de l'ornement de Dieu, & nous releuent aux mefmes rayons. En outre, d'autant que la vie de tous les animaulx, & arbres, & la fertilité de la terre cõsiste au chauld, & en l'humide: voulant Diotime demonstrer la poureté d'Amour: elle designe que l'humeur & la chaleur luy manque, disant en ces termes: L'Amour est aride, maigre, & defait. Qui est celuy qui ne sçache les choses estre arides & seiches, ausquelles default l'humeur? Et qui denira que le teint pasle & crasseux & la iaunisse ne prouienne du default de chaleur sanguine? Encores par le lõg Amour les hõmes deuiennent pasles & maigres, d'autant que la force de nature ne peut bien faire deux choses diuerses ensemblement. L'intétion de l'Amant se retourne toute en la cogitatiõ assiduelle de la personne aymee: & là toute la force & complexion naturelle est attentiue: & pourtant la viāde se cuit mal en l'estomach. Dōt entreuient que la plus grande partie se consume en superfluité. La moindre est enuoyee au foye, laquelle y va crue: & là encores par la mesme raison est mal cuite & digeree. Et pourtant bien peu de sang & creu est enuoyé par les veines: à cause dequoy tous les mēbres amaigrissent & deuiennent pasles, pour y auoir peu de nourriture, & crue. Adioustez y que là où l'assiduelle intention de l'ame se transporte, là mesmes volent les esprits qui sont le chariot & instrument de l'ame. Ces esprits sont engendrez de la chaleur du cueur de la plus subtile partie du sang. L'ame de l'aymant est rauie vers l'image de l'aymé, qui est engrauee en la fantasie, & vers la personne aymee. Vers ceste-cy sont aussi tirez les autres esprits, & volant là s'y consument cōtinuellement. Parquoy il est de besoing de matiere de sang pur à recreer souuent les esprits qui continuellement se resoulent. Là où les plus subtiles & plus luisantes parties du sang se logent tout le iour pour refaire les esprits qui continuellemét s'enuolent dehors. Pourtant il auient qu'estant resolu le sang pur & clair, reste sans plus le sang maculé, grossier, & noir. De là le corps se seiche & deuient blesme : de là les amants deuiennent melancholiques, d'autát que l'humeur melancholique se multiplie par le sang sec, grossier & noir. Et telle humeur aueques ses vapeurs remplit la teste, deseche le cerueau, & ne resiste iour ny nuict d'affliger l'ame d'images noires & espouuentables. Ce qui auint à Lucrece Philosophe Epicurié par lõg amour. Lequel d'Amour premieremét, puis de la fureur de folie angoissé se tua soy-mesme. Ce scandale aduient à ceulx lesquels vsent mal de l'Amour: & transportent ce qui est de la contemplation à la concupiscence du touchement. Car plus facilement est supporté le desir de voir, que la conuoitise de voir & de toucher. Ce qu'obseruans les antiques Medecins disent que l'Amour est vne espece d'humeur melancholique, & de folie. Et Rasis Medecin commande qu'il se guarisse par accouplement mutuel, ieune, yurõgnerie & exercice. Et non seulement l'Amour fait deuenir les hommes tels que nous auons dit: mais aussi ceux qui sont tels par nature, sont enclins à l'Amour. Et tels sont ceux-là esquels seigneurie l'humeur cholerique ou melãcholique. La cholere est chaulde & seiche: la melãcholie est seiche & froide. Celle là tient au corps le lieu du feu, & celle cy le lieu de la terre. Et pourtant quand Diotime dit aride & sec, elle entend l'homme melancholique à la semblance de la terre. Et quand elle dit, haue & iaunastre, elle entend l'hôme cholerique à la semblâce du feu. Les choleriques par impetuosité de l'amour enflammé se fourrent en aymer comme en vn precipice. Les melâcholiques par la paresse de l'amour terrestre sont à aymer plus tardifs. Mais par la stabilité de l'humeur susdicte, puis apres qu'ils ont dóné dans les rets ils s'y enueloppét vn fort lóg temps. A bon droit doncques l'Amour est depeint aride & iaunastre, cóme ainsi soit que ceux qui sont tels ayent accoustumé de s'addonner à l'amour plus que les autres. Et croy que cela procede de ce que les choleriques ardent par l'embrasemét de la chola cholere : & les melancholiques se rongent pour l'aspreté de la melancholie. Ce que l'Aristote afferme au septiesme liure des Ethiques: de sorte que l'humeur moleste afflige tousiours l'vn & l'autre : & les contraint à chercher quelque confort & soulas tresgrãd & cõtinuel, cõme vn remede contre la continuelle fascherie & ennuy de l'humeur. Ce soulas se trouue principalement aux plaisirs de la Musique & de l'art amatoire. Par-ce que nous ne pouuons continuellement entendre à quelconque delectation tant comme aux consonances Musicales, & considerations de beauté. Les autres sens se soulent bien tost, mais la veüe, & l'ouye s'egayẽt plus long-temps de voix & de peinture vaine. Et les plaisirs de ces deux sens non seulement sont plus longs, mais aussi plus conuenables à la complexion humaine: car il n'y a rien plus conuenable aux esprits du corps humain que les voix & les figures des hommes, speciallement de ceux qui non seulement par resemblance de nature, mais aussi plaisent par grace de beauté. Et pourtant les choleriques & les melancholiques ensuyuent bien fort les delectations du chant & de la forme cōme l'vnique remede & cōfort de leur complexion tref-ennuyeuse. Et pourtant ils sont enclins aux attraits de l'Amour. Cōme Socrate lequel fut iugé par Aristote estre de complexion melancholique, & fut cestuy addonné à l'Amour plus qu'aulcū homme, ainsi que luy mesme confessoit. Le mesme pouuons nous iuger de Safon Poëtesse, laquelle se depeint soy-mesme melancholique & enamouree. Et nostre Vergile aussi, qui par son effigie fut cholerique, bien qu'il vescust treschaste, iusques à en remporter le nom de Parthenias, qui signifie le Virginal, si est-ce que tousiours il vescut en Amour. L'A-MOVR A LES PIEDS NVDS. Diotime depeint l'Amour auecques les piedz nuds: parce que les Amants sont tant occupez aux choses amatoires, qu'en toutes leurs autres affaires priuees & publiques ils n'vsent d'aucune prudence ny preuoyance. Ains sans preuoir aucun danger se laissent transporter temerairement. Et pourtant en leur maniere de proceder, ils se rencontrét en beaucoup de perils, non autrement que celuy lequel allant sans escarpes est souuét offensé des pierres, & des estocs ou espines. HVMBLE, le vocable Grec Camepeptij, signifie volant à bas: & ainsi Diotime figure l'Amour: parce

Q ij

qu'elle void les Amoureux n'vfans pas bien de l'Amour viure fans fentimét, & par foucis & cures fort auilis, perir les plus grands biens. Ceulx cy f'adonnent aux perfonnes aymees de telle forte qu'ils f'efforcét fe transferer en elles, & les contrefaire toufiours en paroles & en geftes. Or qui eft celuy qui contrefaifant chafcun iour les filettes & les petits garfons, ne deuienne feminil & enfançon? & qui faifant ainfi ne deuiendroit enfant & fillette? SANS MAISON. La maifon du Penfer humain eft l'ame: la maifon de l'ame eft l'efprit: la maifon de l'efprit eft le corps. Trois font les habitateurs, trois les maifós. Chafcun de ceux-cy pour l'Amour fort de fa maifon. Parce que tout péfer de l'amant fe retorne pluftoft au feruice de l'aymé, qu'à fon bien propre. Et l'ame laiffe en arriere le ministere de son corps, & s'efforce d'outrepasser au corps de l'aymé. L'esprit qui est chariot de l'ame, pendant que l'ame est ententiue ailleurs, luy mesme aussi s'enuolle ailleurs: de sorte q̃ le penser sort de sa maison, l'ame en sort, & en sort l'esprit. De la premiere sortie s'ensuit folie & ennuy: de la seconde s'ensuit debilité & creinte de mort. De la tierce s'ensuit battement de cueur & souspirs. Et pourtãt l'Amour est priué de propre maison, de siege naturel, de repos desiré.

SANS LIT ET AVCVNE COVVERTVRE. Cela veut dire qu'Amour n'a où se reposer, ny dequoy se couurir. Car comme ainsi soit que toute chose recoure à son origine, le feu d'Amour qui est embrasé en l'appetit de l'aymé, s'efforce de reuoler au corps mesme dont il est embrasé: par laquelle impetuosité volãt il em-

Q iij

porte auec foy l'appetit & l'appetant. O fort cruel des amants! O vie plus miferable que toute mort! Si ja voftre ame eftant rauie par la violence d'Amour hors de fon corps, ne deprife encor la figure de l'aymé, & s'en va au Temple de la fplendeur diuine, où finalement elle fe repofera, & fera raffafiee & affouuie. SANS COVVERTVRE. Qui deniera que l'Amour ne foit nud? car nul ne le peult celer, comme ainfi foit que plufieurs fignes decouurent les Amoureux, c'eft à dire le regard femblable à celuy du Thoreau & fiché, le parler entre-rompu, la couleur du vifage or iaunaftre, ores rouge, les foufpirs & faglots coup fur coup repetez: ietter çà & là les membres, les continuelles amertumes, le loüer fans mefure & hors propos, la foudaine indignatió, fe vanter beaucoup, la promptitude, la legereté lasciue, les soufpçons vains, les ministeres auilis & seruiles. Finalement comme au Soleil & au Feu la lumiere du ray accompagne le chaud: ainsi de l'intime embrasement de l'Amour, s'ensuiuent les indices de dehors. Il dort à la porte. Les portes de l'ame sont les yeux & les oreilles: d'autant que par icelles plusieurs choses entrent en l'ame: & les affects & coustumes de l'ame se manifestent clairemẽt par les yeux. Les Amoureux consument la plus-part du temps à bayer des yeux & des oreilles enuiron l'aymé: & peu souuẽt leur Pensee se recueille en soy, diuagant souuent par les yeux & par les oreilles: & pourtãt on dit qu'ils dorment aux portes. On dit aussi qu'ils GISENT EN LA VOYE. La Beauté du corps doibt estre en vne certaine voye par laquelle nous cõmençons à monter à la plus-haulte Beauté. Et pourtāt ceux qui se veautrēt en la fange des plaisirs charnels, ou bien consument au guet plus de temps qu'il ne conuient, il semble qu'ils demeurent en la voye, & qu'ils ne paruiennēt point au but proposé. On dit encor que l'Amour dort au serein, & à bon droit. Parce que les Amoureux s'occupent en vne chose seule, de sorte qu'ils ne considerent point leurs affaires. Et d'autant qu'ils viuent à l'auenture ils sont soumis à tous les dangers de la fortune: non autrement que ceux qui vont nuds au ciel serein, sont offensez de toute intemperance de l'Air. Par la nature de la Mere, il est tousiours necessiteux: estant la premiere origine de l'amour de la poureté. Et ne pouuāt entieremēt chasser de soy & depouiller ce qui est naturel, s'ensuit que l'amour est tousiours necessiteux & alteré. Parce que pedant qu'il luy māque quelque chose à obtenir, l'Amour boult bien fort, & quand il a tout obtenu, la chaleur s'esteint de l'Amour immoderé.

QVELS DONS ONT LES AMANTS du Pere de l'Amour.

CHAP. 10.

CES choses s'ensuyuent de la poureté qui est mere de l'Amour: mais de l'abondāce qui est pere d'Amour s'ensuyuent choses cōtraires aux susdites. Or quelles sont les choses contraires, chacun l'entendra ayant entendu les choses superieures: d'autāt que cy dessus il est descrit ainsi, Simple, fait-neant, vil, & sans armes. Et icy se mettent les antitheses & contrarietez de ces qualitez disant en ceste maniere: Fin, appipeur, accort, machinateur, inuenteur d'aguets & embuches, studieux de prudéce, filosofe, viril, hardy, vehement, facond, magicien, sofiste. Car le mesme Amour, lequel en autres affaires fait l'Amant paresseux & fait-neant, aux choses amatoires le rend fin & industrieux. De sorte que par merueilleuses façós il s'en va allechant & amadoüant la grace de l'aimé l'enuelopāt auecques tromperies, l'amorçant par seruices, l'appaisant auec eloquence, & par chant l'addoucissant. Et la mesme fureur qui rend l'Amoureux flateur & officieux en seruices, luy ministre & met en main par-apres les armes: & s'il se dedaigne cõtre l'aimé, il deuiēt cruel: & s'il combat pour l'aimé, il ne peut estre vaincu. L'Amour, comme nous disiós, prēd origine de la veüe.

La veüe est mise moyenne entre la pensee & le Touchement. De là viét que tonsiours l'ame de l'Amant est distraite, & ores hault, ores bas se iette alternatiuement : ores sourd la conuoytise de toucher, ores le desir de la Celeste beauté, & ores ceste-cy, ores cellelà surmonte, de maniere qu'en ceux qui ont l'esprit subtil, & ont esté honnestemét nourris & eleuez vainq le desir de la Celeste beauté: aux autres le plus-souuét surmonte la conuoitise du touchement. Les hommes qui se fourrent en la lie grossiere du corps, à bon droit se nomment Arides, nuds, vils, desarmez, & faitneants. Arides, parce qu'ils ont tousiours fain & iamais ne se remplissent. Nuds, parce que comme temeraires ils sont subiets à tous perilz & dangers, & comme hómes impudents tombét en publique infamie: Vilz, par-ce qu'ils ne pêsent aucune chose haulte & magnifique. Desarmez, par-ce qu'ils sont vaincus de la mechante cóuoitise. Faitneáts, par ce qu'ils sont tellement assotez & accagnardez qu'ils ne sauisent point à quel terme Amour les tire. Ils demeurent en chemin ne paruenants iamais au but desiré. Mais les hommes contraires à ceux-cy ont les conditions contraires: d'autant qu'iceux se repaissant des vrayes viãdes de l'ame, s'emplissent plus, & ayment auecques plus-grande trãquillité. Ils craignent la vergongne, ils meprisent l'espece ombrageuse du corps, ils s'eleuét en haut, & cóme Armez chassét de soy les vains plaisirs de la chair soumettãt les sens à la raison. Ceuxcy cóme les plus industrieux & prudents de tous filosofent de telle sorte, que par les figures des corps, cóme par certaines traces ou odeurs, ils procedent auecques prouidence, & accortement recherchent par icelles l'ornement de l'ame & des choses diuines. Et ainsi chassant prudemmēt, ils prennent heureusemēt le gibbier & la proye qu'ils cherchent. Ce don si grand naist de l'abondance, qui est pere de l'amour, par-ce que le ray de la beauté, qui est abondance, & pere de l'amour a telle force, qu'il se reploye là d'où il viēt, & se reployāt tire auec soy l'amant. Certainement ce ray premierement descendu de Dieu, & puis passant en l'Ange, & en l'ame, comme par vne verriere ou crystal, & de l'ame passant facilemēt au corps preparé à receuoir tel rayō d'iceluy corps beau, treluist dehors principalement par les yeux, comme par fenestres transparētes, & soudain vole par l'air, & penetrāt les yeux de l'hõme qui baye ferit l'ame, embrafe l'appettit: l'ame ferue, & l'appetit embrafé induit à la medecine, & à fon rafrefchiffement tandis qu'elle le tire auec foy à fon mefme lieu: duquel il defcend par certains degrez, premierement au corps de l'aimé, fecondement à l'ame, tiercement à l'Ange, quartement à Dieu, qui eft premiere origine de la fplendeur fufdite. C'eft vne chaffe vtile. C'eft vn heureux appipement des amants. Et pourtant au Protagore de Platon vn familier de Socrate nõme Socrate appipeur, difant ainfi: D'où viens tu mon Socrate? Ie croy que tu viens de ceft appipement, auquel l'honnefte apparence d'Alcibiade a de couftume de te conuier. En outre l'Amour f'appelle Sofifte & Magicien. Platon au Dialogue intitulé le Sofifte diffinit le Sofifte eftre vn difputateur captieux

& malicieux, lequel auecques replis d'arguments monſtre le faux pour le vray, & conduit ceux qui diſputent auecques luy, à contredire à ſoy meſme. Cela meſmes auient quelquefois aux amants & aux aimez: parce que les amants aueuglez de la nue d'Amour, ſouuétesfois prennent les choſes faulſes pour les vrayes, pendant qu'ils eſtiment les aimez eſtre plus beaux, plus ſubtils, & meilleurs qu'ils ne ſont. Ils contrediſent auſſi à ſoy-meſme par la violence d'amour. Car autre choſe conſeille la raiſon, autre choſe ſuit la cócupiſcence. Et ſouuét ils changent leurs cóſeils par le commandement de la perſonne aymee, & repugnent à ſoy-meſme pour conſentir à autruy. Encor les perſonnes belles par l'aſtuce & fineſſe des Amants donnent dans les rets, & celles deuiennent humaines, & traitables qui au precedent eſtoient pertinaces & obſtinees. Mais pourquoy ſe nomme l'amour Magicien? Parce que toute la force de la Magie conſiſte en l'amour. L'œuure de Magie est vn certain attrait de l'vne choſe à l'autre par reſemblance de nature. Les parties de ce monde comme membres d'vn animal deppendent toutes d'vn amour, ſ'ennoüent & liét enſemblement par communion de nature. Et pourtant tout ainſi qu'en nous le Cerueau, le Poulmon, le Cœur, le Foye, & autres membres tirent quelque choſe l'vn de l'autre, & ſe portét mutuelle faueur, de ſorte qu'à la paſſion de l'vn l'autre compatiſt. Ainſi les membres de ce grand animal, c'eſt à dire, tous les corps du móde entre-eux encheinez, ſ'emboiſtent & fauoriſent entre eux, & s'entre-preſtent leurs natures. Par ceſte commune

Des attraits & liaiſons Magiques.

commune parentele naist l'amour commun: de tel amour naist le commun attrait. Et ceste est la vraye Magie. Ainsi de la concauité de la Sfere de la Lune se tire le feu en hault par conformité de nature. De la concauité du feu, l'air semblablement est attiré, du Centre du monde la terre: Et encores de son lieu l'eau. De là la calamite attire le fer, l'ambre la paille, le soulfre le feu. Le Soleil tourne vers soy les fleurs, & les fueilles. La Lune meut l'eau, & Mars les vents: & diuerses herbes tirent à soy diuerses especes d'animaux. Ainsi aux choses humaines chascun est attiré de son plaisir. Donques les œuures de Magie sont œuures de nature, & l'art en est le ministre. Par-ce que quand l'art fauise qu'en quelque partie il n'y a pas entiere conuenance entre les natures, il supplee à ce default en

R

temps deuz, par certaines vapeurs, qualitez, nombres, & figures. Ainsi cōme en l'agriculture la Nature enfante & produit les blez, & l'art aide à preparer la matiere. Les antiques attribuerent cest art Magique aux Demons. Par-ce que les Demons entendent quelle est la parentele & affinité des choses naturelles entre elles, & quelle chose auec quelle autre chose est consonante : & comme la Concorde des choses se peult restaurer là où elle māque. On dit qu'aucuns Filosofes eurent amitié auecques ces Demons, ou par quelque proportiō de nature, comme Zoroastre, & Socrate : ou par adoration cōme Apolloine Thianee, & Porfire. Et pourtāt on dit qu'iceux Demons presentoiēt à ceux-cy en veille signes, voix, & choses monstrueuses, & en sommeil reuelations & visions. De sorte qu'il semble que ceux-cy soient deuenuz Magiciens pour l'amitié & alliance qu'ils ont euë aueques les esprits susdits: ainsi que ces esprits sont Magiciens, par-ce qu'ils congnoissent l'amitié & sympathie des choses naturelles. Et toute la nature pour l'Amour mutuel se nomme Magicienne. D'auantage les beaux corps ensorcellent par les yeux à qui beaucoup les aguigne. Et les Amoureux prennent auecques force d'eloquence, & de chansons les personnes aimees quasi comme par certains enchantements. Et par seruices & dons les engluent & enueloppent quasi cōme auec certains gluaux & fillets. Parquoy nul ne peut doubter que Cupidon ne soit Magicien: Comme ainsi soit que toutes les forces de la Magie cōsistent en l'Amour: & l'œuure d'Amour s'accomplit en vne certaine maniere auecques enforcellement d'yeux, enchantements, & entrelas. Il n'eſt entierement mortel, ny encores immortel. L'Amour n'eſt point mortel, par-ce que les deux Amours que nous appellons Demons, ſont en nous perpetuels. Il n'eſt point immortel, par-ce que les trois Amours, leſquels nous mettons au milieu de ces deux, ſe changent chaſcun iour croiſſant & diminuant. Adiouſtez y qu'en l'appetit de l'homme des le commencement vne ferueur eſt embraſee, qui ne s'eſteint iamais. Celle-cy ne laiſſe iamais repoſer l'ame en ſoy, ains l'eguillonne touſiours à s'appliquer auecques vehemence à quelque choſe. Diuerſes ſont les natures des hommes. A ceſte cauſe celle continuelle ferueur de l'appetit, lequel eſt amour naturel, induit aucuns aux lettres, aucūs à la Musique, ou aux figures: aucuns à honnesteté de coustumes, ou à vie religieuse: aucūs aux honneurs, aucuns à faire amas d'argēt, plusieurs à luxure de gueule & du vētre, & autres à autres choses. Voire induit vn hōme mesme en diuers tēps de l'age à diuerses choses. Dōques la mesme ferueur se nomme immortelle & mortelle: immortelle, parce qu'elle ne s'esteint iamais, & change plustost de matiere qu'elle s'esteigne: mortelle, parce qu'elle n'est pas tousiours attentiue à vne mesme chose: ains cherche nouuelles delectations ou par mutation de nature, ou pour estre soulle par trop longue vsance d'vne chose mesme. Si biē que la ferueur qui meurt en vne chose, resuscite en l'autre. Il est aussi dit immortel pour ceste occasion, pource que la figure qui vne fois est aymee, s'ay-

R iij

me toufiours. Car autant de temps qu'vne mefme figure perfeuere en vn mefme homme, autant elle s'ayme en iceluy mefme. Et quand elle eft de luy feparee, en luy n'eft plus telle la figure, laquelle tu aymois premierement. Mais il y en arriue vne neuue, laquelle neuue tu n'aymes point, parce qu'auffi au commencement tu ne l'aymois point: & toutesfois tu ne ceffes d'aymer la premiere. Mais il y a cefte difference, que premieremét tu voyois cefte figure antique en autruy, & ores tu la vois en toy-mefme. Et aymes icelle mefme toufiours fichee en la memoire. Et tout autant de fois qu'elle fe reprefente à l'œil de l'ame, autant de fois elle t'embrafe à l'aymer. De là vient que chafcune fois que nous nous rencontrons en la perfonne antiquement aymee, foudain nous nous efmouuons sentans ou vn tremblemēt de cueur, ou liquefaction au foye. Et quelquefois battent les yeux, & le visage sevest de diuerses couleurs nō autremēt que fait l'air nuageux, quād pour auoir le Soleil opposite il cree l'arc en ciel. Car la presence de la personne aymee excite la figure qui premierement dormoit en l'ame de l'amant, & la presente aux yeux de l'ame. Et soufflant rembrase le feu qui gisoit sous la cendre. A ceste occasiō l'Amour s'appelle immortel. Il se dit aussi mortel, parce que bien que les aymez nous reuiennent tousiours fichez au cueur, egallement toutesfois ne s'offrent-ils pas aux yeux de l'entendemēt. Et pourtant il semble que la bienuueillance mutuellement bouille & s'attiedisse. Adioustez y que l'Amour bestial, voire mesme l'humain, ne peut iamais estre sans

R iiij

indignation. Qui eſt-ce qui ne s'indigne contre celuy, qui luy a emblé l'ame? autant qu'eſt aggreable la liberté, autant la ſeruitude eſt ennuyeuſe. Et pourtant enſemblement tu as en hayne les belles perſonnes, & les aymes. Tu les as en hayne, comme larrons & homicides. Tu les aymes & honores comme miroirs, dans leſquels reſplendiſt la celeſte lumiere. O toy miſerable tu ne ſçais que c'eſt que tu dois faire! Tu ne ſçais poure homme perdu où tu te dois retourner. Tu ne voudrois pas eſtre aueques ton homicide: & ne voudrois pas viure ſans l'heureuſe preſence. Tu ne peux eſtre aueques celuy qui te tue: & ne peux viure ſans celuy, qui aueques ſi grandes blandices te derobe à toy-meſme, & t'vſurpe tout à ſoy! Tu ne deſires fuir celuy qui aueques ſes flammes te bruſle, & desires t'approcher de luy, afin que t'approchant de qui te possede, tu t'approches de toy-mesmes. O toy miserable, tu te cherches dehors de toy, & t'accostes de qui te derobe, pour te recouurer quelquefois toy qui es prisonnier! O fol, tu ne voudrois point aymer, parce q̃ tu ne voudrois point mourir : & encores tu ne voudrois que tu n'aymasses, parce que tu iuges de seruir aux images des choses celestes. Par telle alteration il auient que presque à chascun moment l'Amour se passe & reuerdoye. En outre Diotime met l'Amour au milieu entre la Sapience & l'Ignorance, d'autant que l'Amour pour son obiect ensuit les choses belles, & des choses belles la Sapience est la plus belle: & pourtant il appette la Sapience. Or celuy qui appette la Sapience ne la possede pas du tout: car qui est celuy qui cherche ce qu'il possede? Et aussi elle ne luy default pas entierement. Mais il est pour le moins sage en vn poïct, c'est qu'il recognoist son ignorance. Celuy qui ne sçait point ne riē sçauoir, sans doubte ne sçait pas les choses, & ne sçait pas son sçauoir: & ne desire pas la science de laquelle il ne s'auise pas qu'il est priué. Dõques l'Amour de la Sapience, parce qu'en partie il est de sapience priué, & en partie est sage : pource il est mis au milieu entre la Sapience & l'Ignorance. Telle Diotime dit estre la cõdition d'Amour : mais la condition de la Beauté supernelle est ceste-cy: à sçauoir qu'elle est delicate, parfaicte, & bien heureuse. Delicate, en ce que par sa soefue doulceur elle alleche à soy l'appetit de toutes choses. Parfaicte, en ce que les choses qu'elle alleche, les attrayant elle les illustre

aueques ses rayons, & les fait parfaictes. Bié-heureuse, en ce qu'elle remplit les choses illustrees des biés eter-
nelz.

QVELLE EST L'VTILITE D'AMOVR
par sa diffinition.

CHAP. II.

APRES que Diotime a raconté quel est l'origine de l'Amour, & sa qualité : maintenant elle declare quelle est sa fin, & l'vtilité, en ceste maniere. Tous nous desirons d'auoir des biens, & non seulemét les auoir, mais les auoir tousiours. Mais tous biens des mortels se changent & defaillent : & bien tost tous se perdroiét si au lieu de ceux qui s'en vont continuellement, nouueaux biens ne renaissoient. Donques afin q̃ les biens nous durent, nous desirõs refaire les biens peris. Les biens perdus ne se refont point sinon par la generation. De là en chascun est né l'eguillon de engendrer. La generatiõ parce qu'au continuer elle faict les choses mortelles semblables aux diuines, certainement est vn don diuin. Aux choses diuines, par-ce qu'elles sont belles, les choses laides sont contraires: & les choses belles sont semblables & amies. Et pourtant la generation qui est œuure diuine, s'accõplit au beau subiect parfaitement & facilement: & au rebours au subiect contraire. A ceste cause l'eguillõ d'engẽdrer cherche les choses belles, & fuit les laides. Demandez vous quelle chose c'est que l'Amour des hommes, & que c'est qu'il profite? C'est vn appetit d'engendrer en vn beau subiect pour cõseruer la vie perpetuelle aux choses mortelles. Tel est l'Amour des hommes viuants en terre. Telle est la fin de nostre amour. Certainement au temps que chacun des mortels se dit viure, & estre celuy mesme, comme est de l'enfance à la vieillesse, encor qu'il se nomme celuy mesme, neantmoins il ne reserue iamais en soy les choses mesmes, ains tousiours de nouueau se reuest, (cõme dit Platon) & se despouille des choses vieilles selon le poil, la chair, les os, le sang & tout le corps. Ce qui n'auient pas seulement au corps, mais aussi en l'ame. Continuellement se changent coustumes, façons de faire, opinions, appetits, plaisirs, douleurs & creintes: & nulle de ces choses ne perseuere mesme, & semblablement les choses antiques s'en vont, & les nouuelles succedent. Et ce qui est plus esmerueillable, c'est que les sciences souffrent la mesme condition: & non seulement vne science s'en va, & l'autre vient, & ne sômes pas tousiours les mesmes selon les sciences: mais aussi presque chascune science souffre ce changement: par-ce que la meditation & la resouuenance est comme vne reprise de la science qui perissoit: car l'oubliance est comme vne departie de la sciéce: mais la meditation restitue en la memoire nouuelle disposition de sçauoir au lieu de celle qui se partoit: de sorte qu'elle semble la science mesme. En ceste maniere se conseruent les choses qui en l'ame & au corps sont muables. Non par-ce qu'elles soient tousiours à point nommé celles mesmes (car tel don & parfection est propre aux diuines) mais d'autant que ce qui se part, laisse nouueau successeur semblable à soy. Par ce remede les choses mortelles se rendent semblables aux immortelles. Doncq en l'vne & l'autre part de l'ame (soit en celle qui est pour cognoistre, soit en celle qui est pour gouuerner le corps) est enné & enté l'amour d'engendrer pour conseruer la vie perpetuelle. L'Amour qui est en la partie qui gouuerne le corps soudain dés le commencement se contreint à chercher le menger & le boire, à fin que par ces nourrissemens s'engendrent les humeurs, desquelles se restaure ce qui de nous se perd cōtinuellement. Par ceste generatiō le corps se nourrit & croist. Le corps estant creu l'amour epoind la semence, & l'eguillonne au plaisir de procreer enfans, à fin que ce qui ne peut tousiours consister en soy-mesme se reseruant en l'enfant semblable à soy, se maintiéne ainsi sempiternellement. Aussi l'amour d'engendrer qui est en celle partie de l'ame qui cognoist, fait que l'ame cherche la verité, comme propre nourrissement : par lequel à sa mode elle se nourrit & croist. Et si quelque chose par oubliãce est chassee de l'ame, ou dort dedans par negligence, par la diligence de mediter quasi se r'engẽdre, reuoquant en l'entendement ce qui par l'oubliance estoit pery, ou bien assopy par nonchalance. Et apres que l'ame est cruë, cest amour l'eguillonne d'vn tresardent desir d'enseigner & d'escrire : afin que restant la science engendree és escripts, ou és esprits des disciples, l'intelligence de l'autheur demeure eternelle entre les hommes. Et ainsi par le benefice d'Amour il semble que le corps & l'ame de l'homme restét entre les hommes à tout iamais. L'vn & l'autre Amour recherche choses

La verité nourrissemẽt de l'ame.

choses belles. Certainement celuy qui gouuerne le corps desire de nourrir le propre corps de nourrissements tres-delicats, tres-sauoureux, & beaux : & desire engendrer beaux enfans, & de belle fême. Et l'Amour qui appartient à l'ame, se trauaille de la rêplir de tres-ornees & tres-agreables doctrines. Et escriuant en beau stile, elegant, & orné, publier science semblable à la sienne : & enseignant engendrer la mesme sciéce par similitude en quelque ame belle. Belle est, dy-ie, celle ame qui est ague & tresbonne. Nous ne voyons point l'ame, & pourtant nous ne voyons point sa beauté : mais nous voyons le corps qui est image & ombre de l'ame, de sorte que tirant coniecture de cest image, nous estimons qu'en vn beau corps soit vne ame belle : & de là vient que nous enseignons

S

plus volontiers aux plus beaux.

DES DEVX AMOVRS, ET QVE l'ame naist formee de verité.

CHAP. 12.

ASSEZ nous auons parlé de la diffinition d'Amour: declarons maintenāt quelle est sa distinction, laquelle à l'endroit de Platon se fait par la fecondité de l'ame & du corps. Les paroles de Platon sont telles. En tous les hommes le corps est pregnant, & l'ame pregnante. Au corps par nature sont infuses les seméces de toutes choses corporelles. De là par traits de temps ordonnez viennent dehors les dēts, sortent les cheueux, s'espand la barbe, se multiplie la semence spermatique. Et si le corps est fecond & engrossi de seméces, beaucoup plus l'ame qui est plus noble que le corps, doibt estre abondante, & posseder dés le commencement les seméces de toutes les choses siennes. Donques dés le commencemét l'ame possede les raisons des coustumes, arts, & disciplines. Et pourtãt si elle est bien elabouree, elle met dehors ses fruicts en son temps & saison. Or que l'ame contienne en soy les raisons de toutes les choses siennes ennees & ingenerees, nous le cõprenons par son appetit, recherche, inuention, iugement, & comparaison. Qui denira que l'ame soudain dés l'age plus tendre ne desire choses vrayes, bonnes, honnestes, & vtiles? Nul ne desire les choses non cognues. Donques en l'ame y a quelque notes imprimees de ces choses auant quelle les appette: par lesquelles, quasi comme par formes exemplaires de toutes choses, elle iuge

S ij

qu'elles sont dignes d'estre appetees. Cela mesme se prouue par la recherche & inuention, en ceste maniere. Si Socrate cherche Alcibiade en vne tourbe d'hõmes, & il le doibt quelquefois retrouuer, il est necessaire qu'en l'entendement de Socrate soit quelque figure d'Alcibiade, afin que il sçache quel homme auant les autres il cherche, & puis qu'en la tourbe de plusieurs il puisse discerner Alcibiade des autres. Ainsi l'ame ne chercheroit point ces quatre choses, c'est à sçauoir Verité, Bonté, Honnesteté, Vtilité, & ne les trouueroit iamais, si elle n'auoit en soy quelque marque & notion, par laquelle elle cherchast ces choses, de sorte qu'elle les peust trouuer: afin que quand elle les rencontre, elle les recognoisse, & les discerne bien d'aueques leurs cõtraires. Ce que non seulement nous manifeſtons par l'appetit, recherche & inuention : mais auſſi par le iugement. Quiconque iuge quelcun ſon amy ou ennemy, il cognoiſt que ceſt que d'amytié ou inimitié. Comment eſt-ce donques que nous iugerons tout le iour droitement (ainſi q̃ nous auons de couſtume) pluſieurs choſes vrayes ou faulſes, bõnes ou mauuaiſes, ſi la verité & la bonté n'eſtoit en quelque maniere de nous au parauãt cogneüe? Comment eſt-ce que pluſieurs rudes & non polis en l'Architecture, Muſique, & Peinture, & aytres ſemblables arts, & en la Filoſophie, approuueroient ſouuent & reprouueroyent droitemẽt les ouurages des ſuſdites facultez, ſ'il ne leur auoit eſté donné de la nature quelque forme & raiſon d'icelles choſes? En outre, la comparaiſon nous demonſtre cela meſme. Car quicõque comparant le miel aueques le vin, iuge l'vn estre plus doulx que l'autre, certainement il cognoist quelle est la saueur doulce. Et celuy qui parangonnant Speusippe & Xenocrate à Platon, estime Xenocrate estre à Platon plus semblable que Speusippe, sans doubte il cognoist la figure de Platon. Pareillement parce que nous estimous droitement de plusieurs choses bonnes l'vne estre meilleure que l'autre. Et parce que selon plus grande ou plus petite participation de bonté, l'vne chose apparoist meilleure que l'autre, il est necessaire que nous ne soyons point ignorants d'icelle bonté. D'auantage, parce q̃ souuẽt nous iugeons fort bien entre les diuerses opinions des Filosophes, laquelle est la plus vray-semblable & plus ꝓbable. Il est besoing qu'en nous y ait quelque clarté de verité, afin que nous puiſſions cognoiſtre quelles ſont les choſes qui luy ſont plus ſemblables. Parquoy quelques vns en l'enfance, quelques vns ſans maiſtre, quelques vns auecques peu de principes prins d'autruy, ſont deuenus treſ-doctes. Ce qui ne pourroit auenir, ſi la nature ne nous aydoit beaucoup à cela. Ce que Socrate demonſtra copieuſemét aux trois ieunes hommes Fedon, Theetete, & Mennon : & leur eclarcit que les petits enfans (ſ'ilz ſont prudemmét interrogez) peuuent en chaſcun art reſpondre droitement. Comme ainſi ſoit qu'ils ſoyét par nature ornez des marques & raiſons de tous les arts & diſciplines.

S iiij

EN QVELLE MANIERE LA
lumiere de verité est en l'ame.

CHAP. 13.

MAIS en quelle maniere ces raisons & marques sont en l'ame, en Platon cela semble ambigu. Qui lit les liures que Platon escriuit en sa ieunesse, comme le Fedre, le Fédon, & Ménon : estimera paruenture qu'elles soyent depeintes en la substance de l'ame des le commencemét, comme figures en vn tableau. Ainsi que cy dessus plusieurs fois il a esté touché de vous & de moy. Car ainsi semble-il que Platon assigne les lieux susdits. Depuis cest homme diuin, c'est à dire Platō, au sixiesme liure de la Republique declaire ouuertement son auis, disant que la lumiere de la Pensee pour entendre toutes les choses est le mesme Dieu qui fait toutes choses. Et compare ensemblement le Soleil & Dieu en ceste maniere, que tel egard qu'a le Soleil aux yeux, tel l'a Dieu aux entendeméts. Le Soleil engendre les yeux, & leur donne la vertu de voir: laquelle vertu seroit en vain, & en sempiternelles tenebres, si elle ne luy representoit la lumiere du Soleil depeinte des couleurs & figures de tous les corps. En laquelle lumiere l'œil void les couleurs & les figures des corps. Et en verité il ne void autre chose que la lumiere, combien qu'il semble qu'il voye choses diuerses. Car la lumiere qui à luy s'infond est ornee de diuerses formes de corps. L'œil void ceste lumiere, entant qu'elle se reploye és corps: Mais il ne peult pas comprendre la mesme splendeur en sa fontaine. Semblablement Dieu cree l'ame, & luy donne l'entendement, lequel est vertu d'entendre. Et icelle seroit vuyde & tenebreuse, si la lumiere de Dieu ne luy estoit presente, en laquelle elle void les raisons de toutes les choses. De sorte qu'elle entend par la lumiere de Dieu, & entend seulement ceste lumiere, bien qu'il semble qu'elle congnoisse choses diuerses, parce qu'elle entend la lumiere susdite sous diuerses idees & raisons des choses. Quand l'homme void l'homme auec les yeux, il fabrique en la fantasie l'image de l'homme & se retourne à iuger d'icelle image. Par cest exercice de l'ame il dispose l'œil de la Pensee à voir la raison & l'idee de l'homme qui est en la lumiere diuine. Dont soudain vne certaine estincelle resplendit en la Pensee. Et de là vrayement s'entéd la nature de l'homme, & ainsi auient aux autres choses. Doncques nous entendons toute chose par la lumiere de Dieu. Mais nous ne pouuons pas comprendre en ceste vie icelle pure lumiere en sa propre fontaine. En cecy certainement consiste toute la fecondité de l'ame, car au sein secret d'icelle resplendit l'eternelle lumiere de Dieu abondamment pleine des raisons & idees de toutes choses. A laquelle lumiere l'Ame toutesfois & quantes qu'elle veult, se peult conuertir par purité de vie, & attention d'estude & d'affection, & conuertie à icelle, elle resplendit des estincelles des idees.

D'OV VIENT L'AMOVR ENVERS LES Masles, & l'amour enuers les Femelles.

CHAP. 14.

AINSI est pregnāt le corps des hommes (cōme veult Platon) ainsi est pregnante l'ame. Et tous les deux par les eguillons d'Amour sont incitez à enfanter & produire. Mais les aucūs ou par nature, ou par vsāce sont plus propres & idoines à l'enfantement de l'ame que du corps. Les autres, & ceux-cy sont en plus grand nombre, sont plus aptes à l'enfantement & production du corps que de l'ame. Les premiers ensuyuent l'Amour celeste : les secōds ensuyuent le vulgaire. Les premiers aiment les masles plustost que les femelles, & les adolescens plustost que les enfans, parce qu'en ceux-là est beaucoup plus vigoureuse la pointe de l'entédement, lequel est vn suiet tres-propre pour son excellente Beauté à receuoir la discipline, laquelle par nature ceuxlà desirent d'engendrer. Les seconds au contraire meuz de la volupté de l'acte Venerien, entendent à l'effect de la generation corporelle. Mais d'autant que la puissance d'engēdrer, qui est en l'ame, manque de cognoissance, pourtant elle ne fait point de differēce entre le sexe & le sexe. Et neātmoins par sa nature nous inuite à engendrer autant de fois q̃ nous voyōs vn bel obiet. Dont souuent il auient que ceux qui hantent auecques les masles pour vouloir mettre en arriere les eguillons de la partie generatiue, se meslent impudemment & mechamment auecques eux. Et ceux principallement en la natiuité desquels Venus s'est trouuee en signe masculin coniointe auec Saturne, ou es termes d'iceluy, ou bien luy estant opposee. Non pourtant estoit-il conuenable de faire ainsi. Ains falloit considerer que les eguillõs de la partie generatiue ne requierent pas naturellement de ietter ainsi la semence en vain. Mais que l'office & deuoir d'engédrer est pour naistre. Et pourtant il estoit de besoing de conuertir l'vsage deladite partie, des masles aux femelles. De telle erreur nous estimons estre nee ceste abhominable & detestable mechanceté, laquelle Platon en ses Loix deteste aigrement, comme vne espece d'homicide. Et certainement celuy n'est pas moins homicide qui enterrompt & empesche l'homme qui doibt naistre, que celuy qui oste de la terre celuy qui est ja né. Plus audacieux est celuy qui occit la vie presente. Mais celuy est plus cruel qui porte enuie à celuy qui est encores à naistre, & occit ses propres enfans premierement qu'ils soient nez.

PAR QVELLE VOYE SE MON-
stre que sur le corps est l'ame: sur l'ame
est l'Ange & Dieu.

CHAP. 15.

IVSQVES icy on a parlé des deux abondances de l'Ame, & des deux Amours. Pour l'auenir nous parlerons par quels degrez Diotime eleue Socrate de l'infime degré par les moyens au supreme, le tirant du corps à l'ame: de l'ame à l'Ange: de l'Ange à Dieu. Qu'il soit necessaire que ces quatre degrez soyent en nature nous le demonstrerons en ceste maniere. Tout corps est meu d'autruy, & ne se peut mouuoir soy-mesme par sa nature, comme ainsi soit qu'il ne puisse faire aulcune chose de par soy. Mais il semble qu'il se meuue de luy mesme tandis qu'il a l'ame dedans soy, & que par elle il vit, & elle presente se meut soymesme en quelque maniere. Estant l'ame separee, il est besoing qu'il soit meu d'autruy: comme celuy qui ne possede pas de soymesme telle faculté de se mouuoir. Mais l'ame est celle en laquelle regne la faculté de mouuoir soy-mesme. Car à quelconque qu'elle soit presente, elle luy preste la force de mouuoir soy-mesme: or la force qu'elle preste à autruy elle la doibt premierement & beaucoup plus auoir en elle. L'Ame est doncques sur le corps, comme celle qui se peut mouuoir soy-mesme selon son essence, & pourtāt elle doibt estre audessus des choses, qui empruntent la faculté d'estre mues non de soy-mesme, mais par presence d'autruy. Et quand nousdisons l'ame par soy-mesme se mouuoir, nous ne l'entendōs pas en la façon

çon corporelle, laquelle Aristote ingratement cauillant impose & veult mettre-sus au grand Platon. Mais nous l'entendons spirituellement, & en façon absolue plustost que trãsitiue: en la mesme sorte que nous entendons, quand nous disons Dieu par soy subsister, & le Soleil par soy eclairer, le feu estre par soy chauld. On n'entend pas que l'vne partie de l'ame meuue l'autre: ains que toute l'ame de soy, c'est à dire par sa nature se meut. C'est ce qui discourt par la raison d'vne chose en autre: & transcourt les œuures de nourrir, augmenter, engendrer par distance de temps. Ce discours temporel conuient à l'ame par sa nature. Car ce qui est audessus d'elle n'entẽd pas en diuers momẽts choses diuerses: ains toutes ensemble en vn seul point. A ceste cause Platõ a mis droi-

T

tement en l'ame l'interualle & distāce de mouuement & de tēps. Dōt le mouuement & le temps passent aux corps. Et d'autant qu'il est necessaire qu'auāt le mouuemēt soit la stabilité estant la stabilité plus parfaite que le mouuemēt : Pourtāt sur la raison de l'ame qui est mobile, il est besoing qu'il se trouue quelque intelligence, laquelle soit intelligence toute selon soy, & soit tousiours intelligence en acte. Car l'ame n'entēd pas selon soy toute & tousiours, ains selō vne partie de soy, & quelquefois. Et n'a pas la vertu d'entēdre sans doubtes. Dōques afin que le plus parfait soit au dessus du moins parfait sur l'entendement de l'ame qui est mobile, & en partie interrompu & douteux, se doibt mettre l'entendement angelique tout stable, continuel, & trescertain. Afin que comme le corps qui est meu d'autruy est precedé de l'ame, qui se meut par soymesme: Ainsi à l'ame qui se meut de soy, precede l'Ange lequel demeure stable. Certainement comme le corps acquiert de l'ame qu'il se meuue par soy (& pourtant non tous les corps, mais ceux qui sont animez semblent se mouuoir de soy) Ainsi l'ame aquiert de la Pensee ou Entendement qu'elle entende tousiours. Car si par sa nature l'entendement estoit en l'ame, l'entendement seroit en toutes les ames, voire-mesmes aux ames des bestes, ainsi cóme la puissance de mouuoir soy-mesme. Doncques à l'ame ne conuient l'entendement par soy & principalement. Et pourtant il est de besoing que sur l'ame soit l'Ange, lequel soit par soy intellectuel. Finalement sur la pensee Angelique est ce principe de l'vniuers & souuerain

Bien, lequel Platõ au Parmenide appelle l'Vn. Car sur toute multitude des choses composees doit estre l'Vn simple par sa nature. Par-ce que de l'Vn le nombre, & des simples toute composition depend. Et la Pensee Angelique bien qu'elle soit immobile, toutesfois n'est pas l'Vnité simple & pure. Elle entend soymesme: En quoy il semble que ces trois choses soient diuerses entre elles. Ce qui entend, Ce qui est entendu, & l'Entendement. Autre respect est en elle, entant qu'elle entend : Autre, entant qu'elle est entendue : & autre, entant que l'Entendement. En outre elle a la puissance de congnoistre, laquelle auant l'acte de la cognoissance est par sa nature sans forme. Et cognoissant, s'informe. Et ceste puissance entendant desire la lumiere de la verité, & la prend quasi comme celle-là qui de ceste lumiere manquoit auant qu'elle entendist: elle a aussi en soy multitude de toutes les idees. Tu vois combien grande & diuerse multitude & composition est en l'Ange. Parquoy nous sommes contraints de preposer à l'Ange l'Vnité simple & pure. Et à ceste Vnité qui est Dieu mesme nous ne pouuons preposer aucune chose: Par-ce que la vraye vnité est hors de toute multitude & composition, & si elle auoit quelque chose au dessus de soy, elle depédroit d'icelle chose, & seroit moins parfaite qu'elle. Cóme tout effect a de coustume d'estre moins digne que sa cause. Pourtant elle ne seroit pas vnité du tout simple. Mais pour le moins elle seroit composee de deux choses, c'est asçauoir du don de sa cause, & du propre default. Donques comme veult Platon, & S. Denis Areopagite le con-

T iij

ferme, l'Vn deuance & precede toutes choses, & tous deux estiment que l'Vn soit l'excellent nom de Dieu. Duquel la sublimité est encores demonstree par ceste raison, asçauoir, que le don de la cause tres-surparoissante doibt estre tres-ample, & par la presence de sa vertu s'estédre par l'Vniuers. Le don de l'Vn se diffond par l'vniuers. Par-ce que non seullement la Pésee est vne & chascune ame vne, & tout corps vn : mais aussi la matiere des choses qui est de soy sans forme. Et la Priuation des formes s'appelle vne en quelque maniere. Car nous disons vne matiere de l'vniuers; & disons souuentesfois, Icy est vn silence, vne obscurité, vne mort. Neátmoins les dós de la Pensee & de l'Ame ne s'estendent point iusques à la matiere vuyde & à la priuation des formes. L'office & le deuoir de la pésee est de donner espece artificieuse & ordre. L'office de l'Ame est de prester vie & mouuement. Mais l'informe & premiere matiere du Monde par sa nature, & la priuation des choses est sans vie & espece. Ainsi l'Vn precede la Pensee & l'Ame: comme ainsi soit que son don s'epande plus largement. Par la mesme raison la Pensee est sur l'ame. Par-ce que la vie qui est don de l'ame, ne se donne pas à tous les corps: neantmoins la Pensee concede à tous les corps espece & ordre.

QVELLE COMPARAISON EST ENtre Dieu, l'Ange, l'Ame, & le Corps.

CHAP. 16.

DONQVES nous deuons monter du corps à l'Ame, de l'Ame à l'Ange, de l'Ange à Dieu. Dieu est sur l'eternité : l'Ange est tout en l'eternité : par-ce que son essence & operation est stable. Et la stabilité est propre de l'eternité. L'Ame est partie en l'eternité, & partie en temps. Par-ce que sa substãce est tousiours la mesme sans aucune mutation de croistre, ou diminuer. Mais son operation (comme nous auons monstré cy dessus) discourt par interualles de temps. Le corps est du tout soumis au temps. Par-ce que sa substance se mue, & toute sienne operation requiert espace temporel. Doncques l'Vn est sur le mouuement & la stabilité : L'Ange est en la stabilité, l'Ame est en la stabilité, & au mouuement tout ensemble. Le Corps est seul en mouuemẽt.

Dauantage l'Vn est stable sur le nombre, le mouuement, & le lieu. L'Ange est stable en nombre sur le mouuement & le lieu. L'Ame est en nombre, & en mouuement, mais sur le lieu. Le Corps est soumis au nombre, mouuement, & lieu. Car l'Vn n'a nombre aucun, ny composition de parties: il ne se mue point de ce qu'il est en aucune maniere, & ne s'enferme en aucun lieu. L'Ange a nombre de parties, ou bien de formes, mais est libre de mouuement & de lieu. L'ame a multitude de parties & d'affections, & se mue au discourir de la raison, & aux perturbations des sens, mais elle est libre & franche des termes du lieu. Le corps est soumis à toutes ces choses.

QUELLE COMPARAISON IL Y A
entre la Beauté de Dieu, l'Ange, l'ame & le corps.

CHAP. 17.

LA mesme comparaison qui est entre ceux-cy, est aussi entre leurs formes. La forme du corps consiste en la cõposition de plusieurs parties: elle est estroite de lieu: elle tombe par le temps. L'espece de l'ame souffre diuersité de temps, & contiét multitude de parties. Mais elle n'est poit reserree des termes du lieu. L'espece de l'Ange a seulement le nombre sans les deux autres passions. Mais l'espece de Dieu ne souffre aucune desdites choses. Vous voyez la forme du corps: dites moy, desirez vous en outre de voir l'espece de l'ame? Esleuez aueques vostre pẽser de la forme corporelle le poix de la matiere qui vous gist dessous. Ostez les termes du lieu, & laissez le reste, & ja vous aurez trouué l'espece de l'ame. Voulez vous encores trouuer l'espece de l'Ange? Ostez en outre cecy d'icelle forme non seulement les espaces locaulx, mais aussi le progrez du temps. Retenez la composition multiple, soudain vous l'aurez trouuee. Voulez vous voir la Beauté de Dieu? ostez en outre ceste multiple composition de formes. Laissez la forme du tout simple, & soudain l'espece de Dieu vous sera presente. Mais vous me direz, & que me reste il maintenãt ayant osté les trois choses susdites? Ie vous respondray que vous estes ignorant si vous croyez que la Beauté soit autre chose que lumiere. La Beauté de tous les corps est ceste lumiere du Soleil que vous voyez souillee des trois choses susdites : à sçauoir de multitude de formes, parce que voº le voyez depeint de plusieurs couleurs & figures, d'espace local, de temporelle mutation. Ostez le siege que ceste lumiere a en la matiere, de sorte que hors de lieu elle retienne les autres deux parties: telle proprement est la Beauté de l'ame. Ostez encor d'icy la mutatiõ du temps, & laissez le reste, & il vous demeurera vne lumiere tres claire sans lieu, & sans mouuemẽt. Mais elle sera depeinte & engrauee des raisons de toutes les choses. C'est l'Ange, ceste est sa Beauté. Ostez finalement le nombre des diuerses Idees : laissez vne pure & simple lumiere à la semblance de celle lumiere qui est en la rouë du Soleil, & qui ne s'espard point dehors. Icy vous comprẽdrez comme la Beauté de Dieu, laquelle du moins surmonte d'autant les autres beautez, comme la splendeur du Soleil, qui demeure en soy-mesme pure, vnique, inuiolee, surmonte la splendeur du Soleil, laquelle par l'air nuageux est eparse, diuisee, souillee, & obscurcie. Donques Dieu est la fonteine de toute Beauté. Dieu est la fonteine de tout l'Amour. Considerez que la lumiere du Soleil en l'Eau est comme ombre au regard de la plus claire lumiere du Soleil en l'air. La splendeur qui est en l'Air est vne ombre au respect de celle qui est au Feu. La lueur qui est au Feu est vne ombre cóparee à la lumiere du Soleil qui reluist en sa rouë. La mesme cóparaison est entre les quatre beautez du Corps, de l'Ame, de l'Ange, & Dieu. Dieu n'est point trópé, de maniere qu'il ayme l'ombre de sa beauté en l'Ange, & qu'il oublie sa Beauté propre & veritable, & l'Ange aussi n'est iamais épris de la Beauté de l'ame, laquelle est ombre de luy, de sorte qu'abandonnant ceste ombre sienne, il abandonne sa propre figure. Ce que fait bien nostre ame. Dequoy nous nous deuons beaucoup douloir, car c'est l'origine de toute nostre misere. La seule ame dy-ie est tant flattee & amadoüee de la forme corporelle, qu'elle met en oubly sa propre espece : & s'oubliant soy-mesme suit ardemment la forme du corps, laquelle est ombre de l'espece de l'ame. De là s'ensuit ce fait tres-cruel de Narcisse, qu'a chanté Orfee. De là s'ensuit la miserable calamité des hommes. Narcisse adolescent, c'est à dire l'ame de l'homme temeraire & ignorante, ne regarde point son visage, ce qui se doibt entendre, qu'elle ne considere point sa propre substãce & vertu. Mais bien en l'eau remire son ombre, l'ensuit, & s'efforce de l'embrasser, c'est à dire baye à l'entour de la Beauté qu'elle void au corps fragile courant comme l'Eau, laquelle est ombre de l'ame: laisse sa propre figure, & iamais l'ombre ne prend ny n'estreint. Parce que l'ame fuyuant le corps, se deprise soymesme, & par l'vsage corporel ne se remplit point, car en verité elle n'appete point le corps: ains desire (comme Narcisse) son espece propre allechee de la forme corporelle, laquelle est image de son espece. Et d'autant que elle ne s'auise point de cest erreur, desirāt vne chose, & fuyuant l'autre, elle ne peut iamais assouuir son desir. Et pourtant elle se distille en larmes, c'est à dire, l'ame depuis qu'elle est tombee hors de soy & sommergee au corps, elle est tourmētee de mortelles perturbations, & souillee des taches & ordures du corps, presque elle s'estouffe, & meurt, parce que lors elle apparoist plustost vn corps qu'vne ame. C'est pourquoy Diotime voulant que Socrate euitast ceste mort, elle le ramene du corps à l'ame, de l'ame à l'Ange, & de l'Ange à Dieu.

COMME L'AME S'ESLEVE DE LA
Beauté du corps à celle de Dieu.

CHAP. 18.

R sus, treschers Conuiez, feignez en vostre ame que Diotime de rouueau admonneste Socrate en ceste maniere. Considere, ô mõ Socrate, qu'aucun corps n'est entierement beau. Parce qu'ou bien il est beau en vne partie, & laid en l'autre: ou bien il est auiourd'huy beau, & vne autre fois laid: ou vrayemét il paroist beau aux

aux yeux de l'vn, & semble laid aux yeux de l'autre. Adoncq la beauté du corps estant souillee par la contagiõ de la laideur, ne peut estre pure, vraye & premiere Beauté. En oultre nul ne peut péser la Beauté estre laide, ainsi que nul ne peut penser la sapience estre folle. Mais nous estimons la disposítiõ des corps quelquefois belle, & laide quelquefois. Et en vn mesme téps, diuerses personnes nous iugeós diuersemét d'icelle. Donc aux corps n'est pas la Beauté vraye & souueraine. Aioustez à cecy q̃ plusieurs corps se nomment sous vn mesme nom de beauté. La nature de la Beauté commune est doncques vne en plusieurs corps, par laquelle plusieurs corps semblablement s'appellent beaux. Ceste vnique nature parce qu'elle est en autruy, c'est à dire en la matiere,

V

pourtant on estime qu'elle deppende d'autruy. Car ce qui ne se peut enfermer, beaucoup moins peut-il deppendre de soy. Croyez vous pourtant qu'elle deppende de la matiere? Deah, ne le croyez pas. Nulle chose laide & imparfaite ne se peut orner soymesme, & se faire parfaite. Et toutesfois cela qui est vn, doibt n'aistre d'vn. A ceste cause vne beauté de plusieurs corps deppend d'vn Artisan & ouurier incorporel. L'Vnique artisan de tout est Dieu. Lequel par le moyen des Anges & des ames faict continuellement belle la matiere du monde. Et pourtant il faut estimer que ceste vraye raisō de la beauté se trouue en Dieu, & en ses ministres plustost qu'és corps du monde. Eleue toy là sus, ô Socrate, & par ces degrez que ie te monstreray monte de rechef à icelle. Si la nature t'auoit donné, ô mon Socrate, les yeux plus agus qu'au loup ceruier, de sorte que les corps que tu rencôtrerois tu les veisses nô seulement dehors, mais aussi dedãs, le corps de ton Alcibiade, lequel par dehors apparoist tref-beau, certainement t'apparoistroit tref-ord & salle. Mon amy, combien toutesfois est grand ce que tu aymes? C'est vne surface par dehors, ainçois ce qui te rauit n'est qu'vn peu de couleur. Ou plustost c'est vne treslegere reflectiō de lumieres & d'ombres. Et parauenture c'est plustost vne vaine imagination qui t'ebloüit, de sorte que tu aymes ce que tu songes, plustost que ce que tu vois. Et pourquoy ne semble-il que ie m'accorde du tout à toy? Toutesfois s'il te semble ainsi, que cest Alcibiade soit beau: Mais dy-moy en côbien de parties est il beau?

V ij

Certainement en tous les membres fors au nais & aux sourſils, qui ſe dreſſent vn peu trop en hault. Neantmoins ces parties ſont belles en Fédre, mais les iambes groſſes te deplaiſent en luy. A la verité elles ſont belles en Carmide: mais le col ſubtil t'offenſe. Ainſi ſi tu conſideres bien chaſcune perſonne tu n'en louëras aucune entierement. Tu aſſembleras donques ce qui eſt droit & bien-ſeāt en chaſcune d'elles, & fabriqueras en toy-meſme par la conſideration de toutes vne figure entiere. De ſorte que l'entiere beauté de la generation humaine, qui ſe trouue eparſe en pluſieurs corps ſoit recüeillye en ton ame par le deſſein & pourpenſer d'vne image. O Socrate, tu mepriſeras la figure de chaſcun hōme, ſi tu viens à la parangonner auecques celle-cy. Tu ſcais-bien que tu ne poſſedes pas ceste-cy par bonté des corps exterieurs, mais de ton ame. Donques ayme celle que ton ame à fabriquee, & ayme l'ame son artisan, plustost que celle de dehors, qui est tronquee, disperse, & debile. Or qu'est-ce que ie commande que tu aymes en l'ame? Ie cōmande que tu aymes sa beauté. La beauté des corps est lumiere visible. La beauté de l'ame est inuisible lumiere. La lumiere de l'ame est verité: & ceste seule souloit de Dieu requerir Platon en ses oraisons, disant: Ainsi Dieu me cōcede que mon ame deuienne belle, & que les choses qui appartiennent au corps n'empeschét point la beauté de l'ame, & que i'estime celuy seul estre riche, lequel est sage. Platon en ceste priere declare la beauté de l'ame consister en la verité & en la sapience: & qu'icelle est de Dieu aux hommes cōcedee. Vno

V iij

verité mesme à nous donnee de Dieu par ses diuers effets acquiert diuers noms de vertu. Entant qu'elle monstre les choses diuines, elle se nomme sapience, laquelle Platon requeroit à Dieu sur toute autre chose. Entant qu'elle mõstre les choses naturelles, elle se nomme Science : entant que les humaines, elle s'appelle Prudence : entant qu'elle nous fait auecques les autres raisonnables, elle est dite Iustice : entant qu'elle nous fait insurmontables, force : entant qu'elle nous rend tranquilles, elle s'appelle Temperãce. C'est pourquoy l'on nombre deux genres de vertus, c'est asçauoir, vertus morales & vertus intellectuelles, lesquelles sont plus nobles que les morales. Les Intellectuelles sont Sapience, Science, & Prudence : Les Morales Iustice, Force, & Temperace. Les Morales par leurs operatiõs

& ciuils offices sont plus congnues, Les Intellectuelles à cause de la vertu absconse sont plus cachees. En outre celuy qui est eleué auecques honnestes coustumes, comme celuy qui est plus pur que les autres, s'esleue facilement aux vertus intellectuelles. Et pourtant ie te commande qu'en premier lieu tu consideres la Beauté de l'ame laquelle se retrouue es honnestes coustumes. D'où tu entendras que c'est vne raison de toutes ces coustumes, par laquelle semblablement elles se nomment belles. Et icelle est vne verité de tres-pure vie. Laquelle par l'operation de iustice, force, temperance, nous meine à la vraye felicité. Doncques mets peine, qu'en premier lieu tu aimes ceste vnique verité de coustumes, & tres-belle lumiere de l'Ame. Et sçaches que tu dois monter sur les coustumes & meurs

V iiij

à la tref-luifante verité de Sapience, Science, & Prudence. Confideré que ces chofes fe cócedent à l'ame nourrie & eleuee en tref-bonnes meurs & couftumes: Et que la reigle trefdroite de la vie Morale fe cótient en icelle. Et bien que tu voyes diuerfes doctrines de Sapience, Science & Prudence: eftime neantmoins qu'en toutes eft vne lumiere de verité, par laquelle femblablement elles fe nomment toutes belles. Ie te commandes que tu aimes ardemmét cefte lumiere, comme fupreme Beauté de l'ame. Mais cefte vnique verité, laquelle fe trouue en plufieurs doctrines, ne peult eftre la verité fouueraine: parce qu'elle eft en autruy eftant en plufieurs doctrines diftribuee. Or ce qui gift en autruy, certainemét d'autruy depend. Toutesfois cefte verité, laquelle eft vne, ne naift pas de la multitude des doctrines. Car ce qui est vn, doibt naistre d'vn. Et pourtant il est de besoin que sur nostre ame soit vne sapience, laquelle ne soit point espandue par diuerses doctrines, ains soit vnie: & que de son vnique verité naisse la verité multiple des hómes. Resouuiéne toy, Socrate, q̃ ceste vnique lumiere de l'vnique sapiéce est la beauté de l'Ange, laquelle tu dois honorer sur la beauté de l'ame. Celle-là, comme nous auons monstré cy dessus, en ce deuãce la forme des corps, qu'elle n'est enclose en aucun lieu: & ne se diuise selon les parties de matiere, ny ne se corrompt. Elle deuance encores la beauté de l'ame, par-ce qu'elle est en tout eternelle, & ne se meut poĩt par naturel discours. Mais d'autant que la lumiere Angelique resplendit en l'ordre de plusieurs Idees qui sont en l'Ange; pourtant il est de besoing que dehors & sur toute multitude soit icelle vnité, laquelle est origine de tout nombre: à ceste cause il est necessaire que la susdite lumiere Angelique sorte & emane de l'vnique principe de l'vniuers, lequel se nôme la mésme Vnité. Doncques la lumiere d'icelle Vnité en tout tres-simple, est la Beauté infinie. Parce qu'elle n'est point souillee des ordures de la matiere, comme la forme du corps. Et ne se change point par progrez temporel, comme celle de l'Ame. Ny n'est esparse en multitude de formes, côme celle de l'Ange. Et toute qualité qui est despouillee de conditions extrinseques, entre les Filosofes naturels se nomme infinie. Si le chauld estoit en soymesme non empesché du froid & humide, ny aggraué du poids de la matiere, il se nommeroit chaud infiny,

Parce que sa force seroit libre : & ne seroit pas reserré des termes de condition exterieure. Semblablement la lumiere de tout corps libre, est infinie. Car cela reluit sans mode & sans terme, qui reluit par sa nature, quand il n'est point borné d'autruy. Donques la lumiere & Beauté de Dieu, laquelle est entierement pure, & fraîche de toute condition, sans doubte est beauté infinie. L'infinie Beauté requiert Amour infiny. Parquoy ie te prie, ô mõ Socrate, que tu aymes les creatures aueques certaine mode & terme. Mais ayme le Createur d'vn amour infiny : & te donne garde autant que tu pourras qu'à aymer Dieu tu n'ayes ny mode, ny mesure aucune.

Chap. 19.

Ce sont les aduertissements lesquels nous auons figurez auoir esté dónez à Socrate par Diotime treschaste Prestresse. Mais nous, ô tresvertueux amis, non seulement nous aymerós Dieu sans mesure, comme nous auós feint que disoit Diotime: mais nous aymerós Dieu seul. L'entendement a tel respect à Dieu, comme a l'œil à la lumiere du Soleil. L'œil non seulement cherche la lumiere sur les autres choses: mais aussi cherche la lumiere seule. Si les corps, les ames, les Anges nous plaisoyent, nous n'aymerions pas ceux-cy propres: Mais Dieu en iceux. Es corps nous aymerions l'ombre de Dieu: és ames la similitude de Dieu: és Anges l'image de Dieu. Ainsi au temps present nous aymerons Dieu en toutes choses, à ce que finalement nous aymions toutes choses en luy: parce qu'ainsi viuāt nous paruiendrōs à tel degré que nous verrōs Dieu, & toutes choses en luy, & l'aimerōs en soy, & toutes choses en luy Quiconque au temps present se dōne du tout à Dieu aueques Charité, finalement se regaigne en iceluy. D'autant qu'il retournera à son Idee, par laquelle il fut creé. Et là de nouueau sera reformé, si quelque partie de soy luy manque. Et ainsi reformé demeurera vn aueques son Idee à iamais. Ie veux que vous sçachiez que le vray homme, & l'Idee de l'homme est tout vn. Et pourtant aucun de nous en terre n'est vray homme cependant que de Dieu nous sommes separez, parce que nous sommes deioincts de nostre Idee, laquelle est nostre forme. A icelle nous reduira l'Amour diuin aueques vie pieteuse. Certeinement nous sommes icy diuisez & trompez : mais alors conioincts par Amour, nous retournerons à nostre Idee tous entiers : de sorte qu'il apparoistra que nous auõs premierement aymé Dieu és choses, pour puis apres aymer les choses en luy. Et que nous honorons les choses en Dieu pour nous regaigner sur tout. Et aymant Dieu nous auons aymé nous-mesmes.

ORAISON VII.

CONCLVSION DE TOVTES LES choses susdictes aueques l'opinion de Guidon Caualcant Filosofe.

CHAP. I.

FINALEMENT Christofle Marsupin homme treshumain, ayant en la dispute à representer la personne d'Alcibiade, aueques ces paroles se tourne vers moy. Marsile Ficin, ie m'éioüy fort de la famille de Iean tó amy: laquelle entre plusieurs Cheualiers tres-illustres en doctrine, & en œuures, a produit Guidó Filosofe, diligent tuteur de sa patrie: & aux subtilitez de Logique superieur à tous ceux de son siecle. Cestuy a suiuy l'Amour Socratique en paroles & en coustumes. Cestuy aueques ses

vers a bréuement conclu ce qui par vous a esté dit d'Amour. Fedre toucha l'origine d'Amour, quand il dist qu'il nasquit du Chaos. Pausanie a diuisé en deux especes l'Amour ja né, à sçauoir Celeste & Vulgaire. Erisimaque a declaré son amplitude quand il a monstré que les deux especes d'Amour se retrouuët en toutes choses. Aristofane a declaré que c'est que fait la presence de Cupidon en chasque chose, demonstrant par cestuy que les hommes qui estoient premierement diuisez, se refont entiers. Agathon a traité combien grãde est sa vertu & puissance, demonstrant qu'iceluy seul fait les hommes bien-heureux. Finalement Socrate enseigné de Diotime, a reduit en sommaire que c'est que cest Amour, quel il est, & dont il est né. Combien il a de parties, à quelle fin il se dresse,
& com-

& combien il vault : Guidon Caualcant Filofofe a comprins toutes ces chofes en fes vers auecques vn ingenieux artifice. Comme par le ray du Soleil le miroir frappé d'vne certaine maniere refplendit & enflamme par ce reflechiffement de fplendeur la laine qui luy eft prochaine. Ainfi veut Guidon que la partie de l'ame nommee de luy obfcure fantafie & memoire, côme vn miroir foit frappee de l'image de la Beauté qui tient le lieu du foleil, comme d'vn certain rayon entré par les yeux. Et qu'elle en foit frappee de forte, qu'icelle par ladite image fabrique de foy vne autre image, quafi comme fplendeur de l'image premiere. Par laquelle fplendeur la puiffance de l'appetit f'embrafe non autrement que ladite laine, & qu'embrafee elle ayme. Il adioufte en fon difcours que ce pre-

X

mier Amour embrasé en l'appetit du sens se cree de la forme du corps cõprise par les yeux: mais il dit qu'icelle forme ne s'imprime point en la fantasie en la maniere qu'elle est en la matiere du corps, mais sans matiere. Neantmoins de telle sorte qu'elle soit image d'vn certain homme mis en certain lieu sous certain temps. Et que de cest image reluist soudain en la Pensee vne autre espece, laquelle n'est plus similitude d'vn particulier corps humain, comme elle estoit en la fantasie, ains est vne raison commune, & diffinition egalement de toute la generation humaine. Donques ainsi que de la fantasie, depuis qu'elle a prinse l'image du corps, naist en l'appetit du sẽs serf du corps, l'Amour encliné au sens: Ainsi de ceste espece de l'entendement & raison cõmune, comme tres-eslõgnee du corps, naist en la volonté vn autre Amour fort estrange de la compagnie du corps. Il met le premier Amour en la Volupté, le second en la Cótemplation. Et estime que le premier se reploye alentour de la particuliere forme d'vn corps, & que le second se dresse enuiron l'vniuerselle Beauté de toute la generation humaine: Et que ces deux Amours en l'homme combatent entre eux mesmes. Le premier tire en bas à la vie voluptueuse & bestiale: le second en hault à la vie Angelique & contemplatiue s'esleue. Le premier est plein de passion, & se trouue en plusieurs géts. Le second est sans perturbatió, & est en peu. Ce Filosofe aussi a meslé en la creation de l'Amour vne certaine tenebrosité de Chaos, laquelle cy dessus vous auez mise: quand il dit que l'obscure fantasie s'illumine,

X ij

& que de la meslange de ceste obscurité & de ceste lumiere naist l'Amour. Il met aussi sa premiere origine en la Beauté des choses diuines. La seconde, en la Beauté des corps: car quand il dit en ces vers, SOLEIL ET RAYON: par le Soleil il entéd la lumiere de Dieu: & par le rayon la forme des corps. Et veut que la fin d'Amour responde à son commencement, de sorte que l'instinct d'Amour faict choir quelcun iusques au touchemét du corps, & en fait monter aucuns iusques à la vision de Dieu.

QVE SOCRATE FVT LE VRAY amant, & qu'il fut semblable à Cupidon.

CHAP. 2.

L suffit d'auoir iusques icy parlé de l'Amour: Venons maintenant à Socrate, & à Alcibiade. Puis que les Conuiez auoyent assez loüé le Dieu des Amants: Restoit de loüer ces Amoureux, lesquelz ensuyuent legitimement cestuy leur Dieu. Tous les escriuains s'accordẽt qu'entre tous les Enamourez ne fut aucun qui aymast plus legitimement que nostre Socrate. Cestuy comme ainsi soit que par tout le cours de sa vie manifestement sans aucune hypocrisie il suyuist derriere le char de Cupidon: Si est-ce qu'il ne fut iamais infamé d'aucun d'auoir moins qu'honnestement aymé. Cestuy par ce qu'il estoit de vie seuere, & reprenoit souuẽt les vices d'autruy, estoit ja tombé en la disgrace de plusieurs & puissants hommes, comme a de coustume celuy qui ne taist point la verité. Pour ceste occasion trois forts puissants Citoyens luy furent ennemis sur tous les autres, Anite, Melite, Licon : & outre ceux-cy trois Orateurs, Trasimaque, Polio, & Callias. Et entre les Poëtes, Aristofane Comique le poursuyuoit aigrement. Neantmoins ces puissants Citoyens, quand pour courir sus à Socrate le vray-disant ils le menerent en iugemét, & l'accuserent par faux tesmoignages, luy imposans quelques faultes & crimes dont il estoit bien elongné, ne dirét iamais qu'il aimast mois qu'honnestement. Et les Orateurs ses ennemis ne luy improperent iamais tel vice. Non pas mesme Aristofane Comique en cela ne mesdist iamais de Socrate, quoy que par risee & moquerie il die plusieurs autres choses de luy en ses Comedies. Or croyez vous que noftre Socrate euft peu euiter les veneneufes langues de tels & fi grands detracteurs, f'il euft efté fouillé de telle note infame? ainçois f'il n'euft efté tref-elongné de toute fufpicion de tel crime? Dites moy, ô tref-vertueux amis, auez-vous prins garde à ce que cy deffus i'ay fort confideré, q̃ quãd Platõ depeint Cupidõ il le retrace & deffeigne au plus pres à l'image naturelle & vie de Socrate. Comme f'il vouloit dire que le vray Amour & Socrate font fort femblables entr'eux. Et que pourtant Socrate fur tous les autres eft vray & legitime Amoureux. Ramenez bien en voftre entendement cefte peinture de Cupidon, & vous verrez en icelle Socrate figuré. Mettez vous deuant les yeux la perfonne de Socrate, & vous le verrez MAIGRE, ARIDE, ET DEFAIT. Socrate fut tel, parce qu'il estoit de nature melācholique. MAIGRE, pour la ieune, & par negligēce mal en cōche. En outre vous le verrez NVD, c'est à dire vestu d'vne simple & vieille māteline. AVEC LES PIEZ NVDS, parce que comme Fédre tesmoigne en Platon, Socrate alloit tousiours auecques les piedz nuds. HVMBLE, ET VOLANT BAS. Car le regard de Socrate estoit tousiours fiché en terre, comme dit Fedon: Il hantoit en vils & bas lieux, comme aux boutiques de certains tailleurs, ou de Simon Cordonnier. Il vsoit de mots rustiques & grossiers ainsi que luy reproche Callicle au Dialogue intitulé Gorgias. Il estoit aussi tant debōnaire que combié que plusieurs fois on luy dist paroles fort iniurieuses, & que quelquefois sans coulpe il fust battu: toutesfois en son cœur il ne semeut iamais. SANS MAISON. Socrate estāt interrogé d'où il estoit, respondit, Ie suis du Monde. Là est le pays, où est le Bien. Il n'auoit point de maison qui fust àluy, ny plume en lict, ny viure delicat, ny meuble precieux. IL DORT AVX PORTES, AV CHEMIN AV CIEL SEREIN. Ces choses signifient la poitrine de Socrate ouuerte, & le cueur manifeste à chascun. Et qu'il se delectoit aussi de la veüe & de l'ouye, qui sont les portes de l'ame. D'auantage, q̃ Socrate alloit asseuré, & sans peur aucune par tout. Et quād le besoing le requeroit, il s'endormoit en quelque part que le sommeil le surprint, enuelopé en sa poure manteline. TOVSIOVRS POVRE. Car qui est celuy qui ne sçache que Socrate fut fils d'vn Tailleur ou Sculpteur, & & d'vne qui gardoit les femmes en couche. Voire mesmes Socrate en sa vieillesse alloit gaigner son viure, taillant & besongnant de ses propres mains, & n'eut iamais tant qu'il peust nourrir soy & sa famille. Et se vantoit en tout lieu d'auoir l'entendement poure. Il interrogeoit chascun, & disoit qu'il ne sçauoit rien. VIRIL, Socrate estoit d'vn courage constant, & de sentence insurmontable de sorte qu'il meprisoit les promesses des Princes, & refusoit leur argent. Et maintesfois estant de eux appellé n'y voulut pas aller. Entre les autres il mesprisa Archelas Macedonien, Scopas Crannonien, Euriloque Larisseen. HARDY, ET TERRIBLE: combien fut grande la force de Socrate au fait des armes, Alcibiade le raconte copieusement au banquet. Et ayant Socrate eu victoire en Potidee, conceda volõtiers son triomfe à Alcibiade. VEHEMENT: Socrate estoit en paroles & gestes plein de grāde efficace, & fort prompt: Selon que Zopire maistre pour iuger en fisionomie, c'est à dire, par l'inspection de la face, auoit iugé Socrate estre homme euenté: & aussi souuentesfois enflammé en parler, il auoit accoustumé de ietter les mains çà & là, & se tirer le poil de la barbe. FACOND, Socrate en la dispute trouuoit arguments asses egallemēt pour le si & le non de la chose proposee: & combien qu'il vsast de vocables rustiques & païsanesques, neantmoins il esmouuoit plus les cueurs des auditeurs, que Themistocle & Pericle, ny que tous les autres Orateurs, ainsi que de luy tesmoigne Alcibiade au Banquet. IL TEND AGVETS AVX BEAVX ET AVX BONS. Bien disoit Alcibiade que Socrate luy auoit touſiours mis des aguets: Socrate eſtoit facilement pris preſque cõme de certains dreſſeurs d'embuſches de ceux qui demonſtroient auoir vne honneſte apparence: & luy cõme dreſſeur d'embuſcades à ſa fois auſſi prenoit les Beaux, quaſi comme auecques rets, & les conduiſoit à la Filoſofie. FIN ET ACCORT APIPEVR. aſſez a eſté dit cy deſſus que Socrate auoit accouſtumé d'apiper & attraire de la forme du corps à la diuine eſpece: & au Protagore Platõ l'afferme eſtre machinateur. Socrate en pluſieurs ſortes comme demonſtrent les Dialogues de Platon confutoit les Sofiſtes. Il confortoit les adoleſcents, il enſeignoit les hommes modeſtes. STVDIEVX DE PRVDENCE. Socrate fut doüé de ſi grande prudéce, & de ſi grande perſpicuité à preuoir, que quicõque faisoit cõtre son conseil, il luy en arriuoit mal, ainsi que Platõ recite au Theages. PAR TOVTE SA VIE VA FILOSOFANT. Cestuy quand il se defendit au conspect des iuges iniques, qui reprenoient sa vie Filosofique, dist hardiment: Si vous me voulez deliurer de la mort auecques ceste condition que ie n'aille plus filosofant, Ie vous dy que plustost ie veux mourir, que laisser la filosofie. ENCHANTEVR IOVEVR DE PASSE-PASSE, CAVTELEVX, SOFISTE. Alcibiade disoit que les paroles de Socrate l'emouuoient & l'adoucissoient plus que les melodies de Marsie & d'Olympe excellents Musiciens. Et que Socrate ait eu vn Demon familier ses amis l'escriuent, & les ennemis en feirent mention en son accusation. Outre-plus Aristofane Comique, & les ennemis de Socrate, l'appellerent Sofiste, par-ce qu'il auoit egalle puissance à conforter & deconforter AV MILIEV ENTRE LA SAPIENCE ET L'IGNORANCE. Socrate disoit, bié que tous les hommes soyent ignorants, toutesfois ie suis different des autres en ce que ie connoy mon ignorance, là où les autres ne connoissent point la leur. Par ainsi il estoit au milieu entre la sapiéce & l'ignorance : lequel encor qu'il ne sceust point les choses, neātmoins sçauoit bien son ignorance. Par toutes les choses dessusdites il apparoist Socrate en tout estre semblable au Dieu Amour, & pourtāt qu'il estoit amateur legitime. De sorte qu'à bon droit Alcibiade quand les autres cōuiez eurent loüé l'Amour, iugea que Socrate deuoit estre loüé, comme vray seruiteur & obseruateur de ce

Dieu. A fin que nous entendions qu'en loüant Socrate: on louë pareillement tous ceux qui ayment comme Socrate. Quelles sont les loüëges de Socrate, vous l'auez ouy icy. Et Alcibiade au Banquet l'a traicté bien au long. Or en quelle sorte aymoit Socrate, chascun le peut cognoistre, qui remet en memoire la doctrine de Diotime: car il aymoit de la forme & maniere que Diotime a cy dessus enseigné.

DE L'AMOVR BESTIAL, ET comme c'est vne espece de folie.

CHAP. 3.

Mais quelcun parauenture me demandera quelle vtilité apporte à la generatió humaine cest Amour Socratique, pourquoy il soit digne de tant de loüenges. Et au rebours que c'est que donne l'Amour contraire. Ie le vous diray repetant de loing ceste matiere. Nostre Platon diffinit au Fedre la fureur estre vne alienation d'entendement: & enseigne deux géres d'alienation, desquelles il estime que l'vne vienne d'infirmité humaine, l'autre d'inspiration diuine. Il appelle la premiere, folie: la seconde, fureur Diuine. Par la maladie de folie l'homme tombe soubs l'espece de l'homme, & d'homme presque deuient beste. Il y a deux genres de folie: l'vne naist de default de cerueau, l'autre de deffault de cueur. Quelquefois le cerueau est occupé de la cholere bruslee, quelquefois du sang bruslé, quelquefois de la noire lie du sang: & de là les hommes deuiénent fols. Ceux qui sont tormentez de la cholere bruslee, encor qu'ils ne soient soyẽt d'aucuns iniuriez, se courroucent aigrement, crient fort, se iettent sus quicõque ils rencontrent, & mettẽt la main & à soy & à autruy. Ceux qui sont occupez du sang bruslé, outrepassent de beaucoup mesure en risees, se vantent sur tous, promettent de soy grandes choses. Et auec bal & chants demenent grand feste & ioye. Ceux qui sont greuez de la noire lie du sang sont tousiours melancholiques, & se feignent certains songes, lesquels en presence les espouuẽtent, & les font craindre pour l'aduenir. Et procedent ces trois especes de folie de default de ceruelle. Car quand les humeurs se retiennent au cueur, elles produisent angoisse & lascheté, non pas proprement folie. Mais elles engendrent propremẽt la folie quãd elles montent au cerueau. Et pourtãt on dit q̃ ces especes de folie proce-

Y

dēt de default de ceruelle. Mais nous disons que par defaulte de cueur viēt proprement la folie, de laquelle ceux sont affligez, lesquels se voyēt en l'Amour perdu. A ceux-cy faulsement est attribué le sacré sainct nom d'Amour. Mais d'autant qu'il ne semble pas que nous vueilliōs restreindre le vocable commun, encores en ceux-cy vsons nous du nom d'Amour.

QVE L'AMOVR VVLGAIRE EST vn ensorcellement d'yeux.

CHAP. 4.

ET vous mes amys, soyez s'il vous plaist attentifs, & des oreilles, & de l'entēdement à ce que ie diray. Le sang en l'adolescence est subtil, clair, chauld, & doulx : parce au progrez de l'age se resoluant les subtiles parties du sang il s'epessit, & s'epessissant deuient sang noir. Celuy qui est subtil & rare, est pur & luisant : & celuy qui est grossier & épais, est noirastre & obscur. Mais pourquoy disons nous que le sang en l'adolescence est chauld & doulx? Parce que la vie, & le principe de viure, c'est à dire, la generation, consiste au chauld & en l'humide, & que la seméce est chaulde & humide: Telle nature principalement en l'enfance & adolescence est en vigueur: aux ages suyuans peu à peu elle se change en siccité & froideur qualitez contraires. Et pourtãt le sang en l'adolescence est subtil, clair, chauld, & doulx. Mais d'autant qu'il est subtil, pourtant est-il clair: parce qu'il est nouueau, il est chauld & humide : parce qu'il est chauld & humide, pourtant est il doulx: car la doulceur naist en la meslange du

Y ij

chauld & de l'humide. A quelle fin dy-ie cecy? Ie le dy afin que vous entendiez en quel age les esprits sont subtils, clairs, chaulds, & doulx. Car comme ainsi soit que les esprits s'engendrēt du chauld du cueur du plus pur sang: ils sont tousiours tels en nous, quelle est l'humeur du sang. Mais comme ceste vapeur du sang, qui se nōme esprit, naissant du sang est telle que le sang: ainsi elle transmet dehors rayons semblables à soy par les yeux, cōme par des fenestres de verre. Et comme le Soleil, qui est le cueur du monde, par son cours respand la lumiere, & par la lumiere diffond ses vertus en la terre: ainsi le cueur de nostre corps par vn sien perpetuel mouuement, agitant le sang à soy prochain, d'iceluy respand les esprits en tout le corps. Et par iceux diffond les estincelles des rayons en tous les membres, principalement par les yeux: car l'esprit estant tresleger, monte facilement aux parties du corps les plus hautes. Et la lumiere de l'esprit, plus abondamment resplendit par les yeux: car les yeulx sur tous les autres mêbres sont trâsparents & nets. Or qu'és yeux, & au cerueau y aye quelque lumiere, bien que petite, plusieurs animaulx que nous voyons de nuict en donnent tesmoignage & nous en font ample foy, desquels les yeux esclairent en tenebres. Il auient aussi que si quelcũ en certaine maniere presse auec le doigt le coing, c'est à dire, l'angle larmeux de la prunelle de l'œil, le contournant tant soit peu, il semble que dedans l'œil il voye vn cercle de lumiere. On dit encor qu'Octauiã Cesar auoit les yeux si clairs & resplendissants, que quand fermement &

Y iij

vehementemēt il en tenoit la lumiere fichee sur quelcun, il le contreignoit de regarder ailleurs, comme s'il se fust esblouy au Soleil. Tibere aussi auoit les yeux grands, & quelquefois eueillé du sommeil, par bref espace de temps au milieu des tenebres nuitalles il voyoit clairement. Mais que le rayon qui se transmet dehors par les yeux tire quant & soy la spirituelle vapeur, & que ceste vapeur tire auec soy le sang, d'icy nous le pouuons entendre, asçauoir, que ceux qui regardent fermement les yeux d'autruy infirmes & rouges, tombent facilement au mal des yeux, à cause des rais qui procedent des yeux infirmes. Dont il apparoist que le ray s'estend iusques à celuy qui regarde: & ensemble auecques le ray court la vapeur du sang corrompu, par la contagion de laquelle deuient infirme l'œil de qui le void. Aristote escript que quand les femmes ont leurs fleurs souuentesfois en regardant elles soüillent & tachent le miroir de goutes sanguines. Ie croy que cela prouient de ce que l'esprit qui est vapeur de sang, est presque vn certain sang tref-subtil, de maniere qu'il ne se manifeste point aux yeux, mais s'epessissant sur la sur-face polie du miroir, il se fait visible. Iceluy frappât en matiere rare, comme drap, ou linge, ne se void point: d'autant qu'il ne demeure en la surface de telle matiere, ains passe dedans. S'il frappe en matiere aspre & reserree comme sont roches & les briques, à cause de l'inegalité en tels corps il se rompt & dissipe. Mais le miroir à cause de sa dureté aplanie affermit l'esprit en sa surface: & à cause de son egalité & politesse il le conserue qu'il ne se brise.

Y iiij

Par sa clarté il conforte & augmente le ray de l'esprit. Par sa froideur il espessit & reserre en goutelettes la rare & subtile nuee de telle vapeur. Et par la mesme raisõ quãd à bouche ouuerte nous hallenõs fort cõtre vn verre, nous baignõs la surface d'iceluy d'vne tressubtile rousee de saliue. Par-ce que l'halene qui de la saliue vole dehors, estant depuis epessie & reserree en la matiere du verre, retorne en fin en humeur de saliue. Qui s'emerueillera donc si l'œil ouuert, & auec ferme attétion dressé vers quelcun darde aux yeux de qui le regarde les fleches de ses rais : & ensemble auec ses fleches, qui sont le chariot des esprits tire ceste vapeur sanguine, que nous appellõs esprit? Delà vient que la fleche veneneuse transperse les yeux, & d'autãt qu'elle est dardee du cœur de qui la iette, pourtant elle se brandit au cœur de l'homme feru, quasi cō-me à vne region qui luy est propre & naturelle. Là elle ferit & blesse le cœur, & en sa rondeur pyramidalle epesse & dure se reserre & s'epessit, & se cōuertit en sang. Ce sang estrā-ger lequel est elongné de la nature du blessé, trouble le sang propre de celuy qui a receu la playe. Et le sang propre troublé & presque empoi-sonné deuiēt infirme & debile. De là vient l'ensorcellement, c'est à dire le mal de l'œil en deux manieres. Le re-gard d'vn puant vieillard, ou d'vne femme ayant ses malles sepmaines, cause le mal des yeux, & presque en-sorcelle vn petit enfant. Le regard d'vn adolescent faict le mal de l'œil à vn plus vieil. Et d'autant que l'hu-meur du vieillard est plus froide & tardiue, à peine elle touche en l'en-fant le dos & sur-face du cœur: & par ce qu'elle n'est pas fort propre & idoyne à passer outre, biẽ peu elle esmeut le cœur, voire si à cause de l'enfance il n'est fort tendre. Et pourtant c'est vn mal d'œil & ensorcellemẽt leger. Mais celuy est vn ensorcellemẽt & mal d'œil tresgrief auquel la persõne plus ieune ferit & blesse le cœur de la plus vieille. C'est, ô mes amis, ce dont le Platonique Apulee se cõplaignoit amerement disant. Toute l'occasion & origine de ceste mienne douleur, voire ma medecine & ma santé seul tu la sçais. Car ces yeux tiẽs passans par mes yeux iusques au centre de mon cœur emeuuẽt vne aspre inflãmaison au dedãs de mes moüelles. Aye doncques pitié de celuy, lequel perit à ton occasiõ. Mettez vous deuant les yeux Fedre Mirrinusié, & Lisias Orateur Thebain de Fedre enamouré. Lisias Baloc à bouche bee regarde fermement en la face de Fédre: Fédre aux yeux de Lisias tend & decoche viuement les estincelles de ses yeux, & auecques ces estincelles transmet l'esprit vers Lisias. En ceste reciproque rencontre d'yeux le ray de Fédre se mesle facilement auecques le rayon de Lisias, & l'esprit de l'vn s'ente & allie facilement auec l'esprit de l'autre. Ceste vapeur d'esprit qui fut engendree du cœur de Fédre, soudain s'euente au cueur de Lisias, & à cause de la dure substance du cueur de Lisias s'y epessit & reserre : & reserree de nouueau redeuient sang, comme ja elle auoit esté de la nature du sang de Fédre, de sorte que là auient chose fort emerueillable, c'est que le sang de Fédre maintenant se trouue au sang de Lisias. Dequoy l'vn & l'autre est contreint de crier. Lisias dit à Fédre, O Fédre

Cecy se doibt entendre de l'honneste Amour & biéueillance naturelle entre deux personnes : Car toutes choses sont nettes aux nets.

mon cueur! O mes entrailles tres-cheres! Fédre dit à Lisias, O esprit mien! ô mon sang Lisias! Fédre suit Lisias, parce que le cueur recherche son humeur: Lisias poursuit Fédre, parce que l'humeur sanguine recherche le propre vaisseau & le propre siege. Et Lisias ensuit Fédre plus ardemment par-ce que le cueur sans la plus petite parcelle de son humeur vit plus facilement que l'humeur sans le propre cueur. Le ruisseau a plus de besoing de la fontaine, que la fontaine du ruisseau. Doncques comme le fer depuis qu'il a receu la qualité de la Calamite est tiré de ceste pierre, & ne la tire pas, ainsi Lisias suit plustost Fédre, que Fédre Lisias.

COMME FACILEMENT ON s'enamoure.

CHAP. 5.

QVELCVN parauéture dira, Dea! peult bien vn ray subtil, vn esprit tres-leger, vn peu de sang de Fedre si tost, si fort, & si côtagieusement trauailler tout Lisias? Cecy ne semblera point merueilleux, si on considere les autres infirmitez qui s'acquierent & se prennent par contagion, comme demengeaison, rongne, lepre, mal de costé, douleur phtisique, dysenterie, rougeur des yeux, & pestilence. Or ie dy que la contagion d'Amour vient legerement, & sur toutes autres pestiléces est tresgriefue & dommageable. Par-ce que ceste vapeur spirituelle, & le sang qui du plus ieune s'infond au plus viel, a quatre qualitez, comme nous auõs traité cy-dessus: Il est clair, subtil, chauld, & doux. Par-ce qu'il est clair il se conforme & vnit aisement auecques la clarté des yeux, & des esprits, qui sont au vieillard: Et par ceste consonance attrait & alleche. De là vient qu'ils le boiuent auidement & à longs traits. Par ce qu'il est subtil, il vole legerement au cueur: & d'iceluy facilement par les veines & par le pouls se respand par tout le Corps. Par-ce qu'il est chauld, il agit auecques vehemence, & meut le sang du Vieillard le conuertissant en sa nature: C'est ce que touche Lucrece quand il dit,

De la douce Venus la goute & la liqueur
Distillant soefuement au centre de ton cueur
Laisse encor apres soy vne ennuyeuse cure.

Outre-plus, par-ce qu'il est doux, il conforte les parties interieures, les paist & delecte. De là vient que tout le sang de l'homme depuis qu'il est mué en la nature du sang iuuenil, appette necessairement le corps du ieune, afin qu'il habite en ses propres veines: Et afin que le nouueau sang passe par les veines nouuelles & tendres. Il auient aussi que tel malade est tout ensemble esmeu entre volupté & douleur, pour l'amour de la clarté & de la douceur de telle vapeur & sang. La clarté alleche, la doulceur delecte. Il est encores meu de douleur à cause de la subtilité & de la chaleur. La subtilité diuise & decoupe les parties interieures: La chaleur oste à l'homme ce qui estoit sien, & le mue en la nature d'autruy. Et à cause de ceste mutation, ne le laisse point reposer en soymesme, ains le tire tousiours vers la personne, de laquelle il fut feru & blessé. Ce que designoit Lucrece quand il disoit:

*A l'obiet nous attrait la chair & corps vainqueur
Dont fut nauré d'Amour & l'esprit & le cueur:
Car tous le plus souuent tombent en ceste playe,
Et le sang celle part surparoist, flambe & raye
Dont l'ulcere & le coup nous venons receuoir:
Et si bien pres de nous l'ennemy se fait voir
Le sang & rouge humeur vers luy court, & l'occupe.*

Lucrece en ces vers veult que le sang de l'homme, lequel a esté feru & blecé du rayon des yeux, coure vers celuy qui l'a feru: non autrement que le sang de celuy qui fut occis de glaiue se debonde & court vers le meurtrier. Si vous recherchez la raison de ce miracle ie le vous eclarciray en ceste maniere. Hector bleça & tua Patrocle: Patrocle tourna les yeux vers Hector qui le ferut: Dont son penser iuge qu'il se deuoit venger: & soudain la cholere s'embrase à la vengeâce. De la cholere s'enflamme le sang, lequel enflammé court soudain à la bleceure tãt pour defendre celle partie,

tie, que mesmes pour se venger, au mesmes lieu courent les esprits: & les esprits par-ce qu'ils sont legers volēt dehors iusques à Hector: & passent dedās luy, & à cause de sa chaleur s'y maintiennent iusques à vn certain tēps, cōme par maniere de dire iusqu'à sept heures. Si durāt ce tēps Hector s'approchāt du nauré, regarde attētiuemēt la playe, la plaie se debōde & espand le sang deuers luy. Ce sang peut sortir vers l'ennemy, soit parce que toute la chaleur n'est pas encor esteinte, & que le mouuement interieur n'est pas finy : soit parce qu'vn peu au parauant il estoit esmeu alencōtre de luy : soit aussi parce qu'il recourt à ses esprits, & les esprits tirēt à soy leur sang. En semblable maniere Lucrece veut que le sang de l'homme qui est feru d'Amour, coure soudain vers celuy qui l'a blessé. La sen-

Z

tence duquel me semble tres-veritable.

DE L'ESTRANGE EFFECT de l'Amour Vulgaire.

CHAP. 6.

DIRAY-IE maintenant, ô tres honnestes amys, vn effect estrange qui s'en ensuit, ou bié si ie le passeray sous silence? Certes ie le diray puis que la matiere le requiert, bien que ce semble estre chose deshonneste. Mais qui est celuy qui puisse en tout honnestement reciter les choses deshonnestes? Lucrece le plus malheureux de tous les amants dit, que ceste grande mutation qui se fait au corps du plus vieil, laquelle s'incline vers la complexion de la personne plus ieune, contreint que cestuicy s'efforce de trãsferer tout son corps en icelle, & tirer tout le corps d'icelle en soy: à celle fin qu'ou bien l'humeur tendre trouue tendres vaisseaux, ou vrayement que les tendres vaisseaux trouuent l'humeur tẽdre. Or comme ainsi soit que la semence coure de tout le corps, les amoureux estiment (selõ Lucrece) que par le seul enuoy ou attrait d'icelle, ils peuuent donner tout leur corps à autruy, & tirer en soy tout le corps d'autruy. Or que les amants desirent en soy receuoir toute la personne aymee, Artemisie femme de Mausole Roy de Carie le demonstre euidemmẽt, laquelle ayma tellement son mary par sur toute creance d'affection humaine, qu'elle reduisit en pouldre le corps d'iceluy mort, laquelle detrempee en eau elle beut toute.

QVE L'AMOVR VVLGAIRE EST
vne perturbation de sang.

CHAP. 7.

OR que ceste maladie soit au sang, cóme nous auons dit plusieurs fois, ie vous en dóneray vn signe tresclair, asçauoir que telle maladie ne dóne aucun repos au poure malade. Et vous sçauez que les Medecins & Filosofes naturels mettent la Fieure continue au sang: Celle qui donne six heures de repos, au flegme. Celle qui donne relasche d'vn iour, en la cholere iaulne: & celle qui en donne deux iours, en la melácholie, ou cholere noire. A bon droit dóques nous mettós au sang la fieure de l'Amour: ie dy au sang melancholique, comme vous auez oüy en l'Oraison de Socrate. Du sang melancholique naist tousiours le penser fiché & profond.

COMME L'AMANT DEVIENT
semblable à l'aymé.
CHAP. 8.

E T pourtant qu'aucun de vous ne s'emerueille, s'il oyt dire que quelque Amoureux aye conceu en son corps quelque semblance de la personne aymee. Les femmes grosses souuentesfois desirãt le vin, pensent vehementement au vin desiré. Ceste forte imaginaison émeut les esprits interieurs, & les emouuant depeint en iceux l'image du vin desiré. Ces esprits emeuuent semblablement le sang, & en la tendre matiere de la cõception empreignent & engrauent l'image du vin. Or qui est si peu pratic & experimenté aux affaires humaines qui ne sçache qu'vn amant appette plus ardemment la personne aymee, que les femmes grosses n'appettent le vin? Et pourtant il y pense plus fort & plus ferme. De sorte que ce n'est pas de merueille que le visage de la personne aymee engraué au cueur de l'amant, se depeigne par telle cogitation en l'esprit, & de l'esprit s'imprime au sang. Specialemét parce qu'aux veines de Lisias ja est engédré le sang tres mol de Fedre, de sorte que facilement le visage de Fedre peut reluire en son mesme sang. Et parce que tous les membres de tout le corps, comme chascun iour ils tarissent, ainsi se baignans & humectás peu à peu par la rousee du nourrissement ils reuerdoyent. Dont s'ensuit que de iour en iour, le corps de chascun, lequel peu à peu deseiche, semblablement se refait. Les membres se refont par le sang, lequel coule par les ruisseaux des veines. Doncques vous esmerueillerez-vous, si le sang depeint de certaine semblāce desseigne le mesme aux membres, de sorte que finalement Lisias deuienne semblable à Fedre en quelque couleur, ou lineament, ou affection, ou geste?

QVELLES SONT LES PERSONNES
qui nous font enamourer.

CHAP. 9.

VELCVN, peult estre, demandera de quelles personnes principalement & en quelle maniere s'enlacent les Amants, & en quelle sorte ils se delient. Les femmes prennent aisement les hommes, & mesmement celles qui mōstrēt auoir en soy quelque naturel masculin. Les masles encores plus facilement prennent les hommes, leur estans plus semblables que les femmes, & ayans le sang & l'esprit plus luysant, plus chauld, & plus subtil: en quoy se tédent les rets de Cupidõ. Et d'entre les masles ceux là plus legerement ensorcellent les masles & les femelles, lesquels sont sanguins au plus hault degré, & choleriques au moindre, & qui ont les yeux grands azurez & luisans, & specialemét si tels hommes viuent chastes. Car par l'vsage de l'amoureux accouplement, se resoluãs les esprits clairs, le visage serein se ternit & se ride. Les parties susdites, cõme nous auons touché cy dessus sont requises à darder legeremét les traits qui ont accoustumé de ferir le cueur. Outre plus ceuxlà donnent bien tost dans les fillets de Cupidon, à la naissance desquels Venus discouroit par le Liõ, ou bien la Lune remiroit Venus d'vn fort aspect: & ceux aussi qui sont de mesme complexion. Les flegmatiques ne sont iamais prins. Les melācholiques sont prins bien tard, mais depuis qu'ils sont prins, iamais ne se peuuent deslier. Quand la personne sanguine lie la sanguine, le ioug est leger, & le lien doux & agreable, parce que la complexiō semblable produit l'Amour reciproque & mutuel. Pareillement la douceur de telle humeur donne esperance & confiance aux amants. Quand la personne cholerique enlace la cholerique, telle seruitude est plus difficile. Il est vray q̃ la semblance de la complexion cause quelque rēcontre de bienvueillance en telles personnes. Mais l'humeur embrasee de la cholere les rend souuent par-ensemble bizarres. Quand la personne sanguine met le ioug à la

cholerique, ou la choleriq̃ à la sanguine: à cause de telle meslange de l'humeur aigre, & de la douce, naist vne
certaine alteration d'ire & de grace,
de volupté & de douleur. Quand la
personne sanguine estreint & nouë
la melancholique, il en naist vn neu
perpetuel, mais non miserable: parce
que la douceur du sang tempere l'a-
mertume de la melancholie. Mais
quãd la personne cholerique estreint
la melancholique, il en resulte vne
pestilence sur toutes autres mortelle. D'autant que l'humeur tres-a-
gue de la personne plus ieune discourt deça & delà par les entrailles
de la plus vieille: dõt la flamme consume les tẽdres moüelles par laquelle ard & brusle le malheureux & miserable Amant. La cholere esmeut à
courroux & debat: la melancholie à
douleur, tristesse, & dueil perpetuel.

La fin de l'Amour de ceux-cy souuẽfois est celuy-mesme que de Phillis, Didon, & Lucrece filosofe. La personne flegmatique ou melancholique, par-ce qu'en elle le sang & les esprits sont grossiers, ne blesse iamais aucun.

DE LA MANIERE DE S'E-namourer.

CHAP. 10.

CY dessus assez nous auons dit la maniere comme les Amants souffrent le mal de l'œil ou ensorcellement, si aux choses dites nous adioustons encores, que les mortels alors principalemẽt prennẽt mal de l'œil, quand frequentement & fermement dressans leurs yeux vers les yeux d'autruy, ils conioignent les lumieres aueques les lumieres, & miserablement par iceux hument & boyuent l'amour. L'œil est toute la cause & origine de ceste maladie, comme a chanté Musee, de sorte que si quelque personne a les yeux agreables, encor qu'aux autres membres elle ne soit pas bien composee, neantmoins elle contraint celuy qui la mire en ceste façon d'en deuenir Amoureux. La personne qui au contraire est disposee, inuite plustost à vne bien-uueillance moderee, que non pas à l'amour. La consonance des autres membres outre les yeux n'est pas proprement cause, mais occasion de telle maladie. Parce que telle composition inuite celuy qui void de loing, à s'approcher de plus pres, & depuis qu'il regarde de plus pres le retient bien long-tẽps beant à remirer tel aspect: & pendãt qu'il y est ainsi fiché, la seule r'encontre des raiz lancez par les yeux est celle qui fait la playe. Mais à l'amour modéré, lequel est participant de la diuinité, & duquel se traite communement en ce Banquet, non seulement l'œil, mais aussi la concorde & plaisance agreable de toutes les autres parties comme cause s'y rencontre.

DE LA MANIERE DE SE deslier de l'Amour vulgaire.

CHAP. II.

IVSQVES icy nous auons traité en quelle maniere, & de qui nous sommes prins. Reste que nous mōstrions breuement par quel moyen nous nous en pouuons deslier. Le moyen de s'en depestrer est de deux sortes, l'vne est de la nature, l'autre est de l'art. Le naturel est celuy qui faict sō œuure aueques certains interualles de temps, & est ce moyen cómun tant à ceste maladie, qu'à toutes autres. Car la demengeaison dure autāt en la peau, comme dure la lie du sang dans les veines, ou la pituite salee dās les membres. Estant le sang esclarcy, & la pituite amortie, la demāgeaison default, & la gratelle s'en va. Neantmoins la meure diligence de l'euacuaison y profite beaucoup. L'euacuaison ou l'onction soudaine est moult dangereuse. Semblablement le trauail & l'agonie des amants dure autant de temps, comme dure ceste poison & infection de sang introduite aux veines par ce mal de l'œil & enforcellemēt. Lequel venin presse le cueur d'vne grieue cure, nourrit la playe dans les veines, & ard les membres de flammes inuisibles. Par ce qu'il passe du cueur aux veines, & des veines aux membres.

Quand telle poison est esclarcie, le trauail des fols amants comméce de cesser. Tel esclarcissement requiert en tous long espace de temps, & le requiert treslong aux melancholiques: specialement si en l'influence de Saturne Cupidon les a prins aueques ses rets. Outre plus, tel temps est tres amer & ennuyeux, s'ils ont esté mis soubs le ioug d'Amour lors que Saturne estoit retrogradé ou bié conioinct aueques Mars, ou vrayémét opposite au Soleil. Aussi ce mal dure fort long temps en ceux, à la naissáce desquels Venus se trouue en la maison de Saturne, ou vrayement remirant d'vn fort aspect & Saturne & la Lune. On doibt encor adiouster à ceste purgation naturelle mesme l'industrie de l'art tres diligent. En premier lieu il se fault donner garde que nous n'attentions d'arracher ou d'emonder les choses qui ne sont pas encores meures : & que tout d'vn coup nous ne vueillions retrancher aueques grand danger, ce que peu à peu & plus seurement nous pouuós decoudre & denoüer. Il faut entremettre la coustume & l'vsance, & sur tout auoir soing, que noz yeux ne se r'encontrent aueques les yeux de la personne aymee. Et s'il y a quelque default en l'ame, ou au corps d'icele il conuient souuent le r'amener en memoire, & employer l'esprit à meintes affaires diuerses & de grande importance. Souuentesfois se faire tirer du sang, & vser de vin clair & odoreux, & souuent s'en-yurer afin que tirant le viel sang, lequel estoit enuenimé il se reface vn sang nouueau, & nouuel esprit. Il est bon aussi d'vser souuét d'exercices iusques à la sueur, par lesquels les pores & códuits

duits du corps souurent pour enuoyer dehors les vapeurs malignes. En outre tout ce que les medecins & naturels Filosofes ordonnent pour preseruatifs du cueur: ou nourriture du cerueau, y profitent grandement. Mesmes l'accouplement amoureux vniuersellement est vtile pour oster la cure d'amour, auquel remede s'accorde fort Lucrece disant,

Mais il faut euiter toute trompeuse image,
Et l'amorse d'amour, & l'amoureux breuage,
Reculer loing de soy, tournant l'esprit ailleurs:
Et l'humeur amassée en des vases meilleurs
Conuient ensemencer, sans la semence bonne
Retenir pour l'amour d'vne seule personne.

DV DOMMAGE DE L'AMOVR
vulgaire.

CHAP. 12.

Aa

MAIS de peur qu'en parlant si long temps d'vne telle folie nous n'affoliõs aussi, en peu de paroles nous fermerons ce pas, disants qu'entre les especes de folie la plus estrange est ceste ennuyeuse cure de laquelle les Amoureux vulgaires sont tornentez iour & nuit: lesquels durant l'amour s'embrasent premieremét de la cholere, & puis s'affligent de l'humeur melancholique: dont puis apres ils tombent en furie, & cóme aueugles n'auisent point en quel precipice ils vont cheoir. Combien ce faulx amour est pernicieux & dommageable tant pour les personnes aymees, que pour les amants, copieusement le dispute Lisias Thebain & Socrate au Fédre de Platon. Et quicóque ayme ainsi, le sent tresbien. Mais qui pourroit il auoir de pis que cecy, à sçauoir que l'homme par telle fureur deuienne beste?

DE L'AMOVR DIVIN, ET COM-
bien il est vtile, & des quatre especes
de fureurs diuines.

Chap. 13.

Vsques icy soit assez dit de l'espece de fureur qui procede de maladie: mais celle espece de fureur laquelle Dieu nous inspire, eleue l'hōme par dessus l'hōme, & le cōuertit en Dieu. La fureur diuine est vne certaine illustratiō de l'ame raisonable par laquelle sans doubte Dieu retire des choses inferieures aux superieures l'ame qui est tombee & decheuë des plus hautes aux plus basses. La cheute de l'ame depuis le seul & vnique principe de l'Vniuers iusques au corps, passe par quatre degrez, par la Pensee, la raison, l'opinion & la nature. Car d'autant qu'il y a en l'ordre des choses six degrez desquels l'Vnité diuine tient la supreme, & le corps l'infime: Et d'autant qu'il y a quatre milieux, & lesquels nous auons recitez, il est necessaire que quiconque tombe du premier iusques au dernier, tóbe par quatre milieux. L'Vnité diuine est terme & mesure de toutes choses, sans confusion & sans multitude. La Pensee angelique est vne certaine multitude d'Idees: mais c'est vne telle multitude qu'elle est stable euiternelle. La raison de l'ame est multitude de notions & arguments, ie dy multitude mobile, mais ordónee. L'opinion qui est audessous de la raison, est vne multitude d'images desordónees & mobiles: mais est vnité en sa substance, & en vn point. Cóme ainsi soit q l'ame, en laquelle habi te l'opiniõ, soit vne substãce, laquelle n'occupe aucũ lieu. La nature, c'est-à-dire la puissãce de nourrir, qui est propre de l'ame, & encor la complexion vitalle a semblables conditions, mais elle est diffuse par les poïts du corps. Mais le corps est vne multitude indeterminée de parties & d'accidens, subiecte au mouuement, & diuisee en substances, moments & points. Nostre ame regarde toutes ces choses : par icelles elle descend, par icelles elle mõte. Entant qu'elle naist de l'vnité principe de l'vniuers, elle acquiert vne certaine vnité, laquelle vnit toute son essence, puissances, & operations : de laquelle & à laquelle les autres choses qui sont en l'ame ont tel respect, comme les lignes du Cercle l'ont du Centre & au Centre. Or ie dy q̃ telle vnité non seulement vnit les parties de l'ame entr'elles, &

auec toute l'ame, mais auſſi vnit toute l'ame aueques l'vnité, qui eſt cauſe de tout l'vniuers. La meſme ame entant qu'elle reluit par le rayon de la Penſee diuine tempere les Iдees de toutes choſes par l'entendemēt aueques vne acte ſtable. Entant qu'elle ſe retourne en ſoymeſme, elle conſidere les raiſons vniuerſelles des choſes, & en argumentant diſcourt des principes aux concluſions. Entant qu'elle regarde les corps, elle reploye en ſon opinion les formes particulieres, & les images des choſes mobiles receües par les ſens. Entant qu'elle s'encline à la matiere, elle vſe de la nature pour inſtrument, auec lequel elle meut la matiere & luy dōne forme. D'ou procedent les generations & accroiſſements, voire meſme leurs cōtraires. Vous voyez donques que l'ame tōbe de l'vnité diuine, laquelle est sur l'eternité, à multitude euiternelle. Et de l'Euiternité au Temps: & du Temps au Lieu, & à la Matiere. Ie dy qu'alors elle tombe, quand elle se part de la pureté, aueques laquelle elle est nee, embrassant par trop le corps.

PAR QVELS DEGREZ LES FVreurs diuines esleuent l'Ame.

CHAP. 14.

PARQVOY tout ainsi que elle descéd par quatre degrez, aussi est-il necessaire que par quatre elle remōte. La fureur diuine, est celle qui nº haulse aux choses superieures, comme il a esté manifeste par sa diffinition. Il y a donques quatre especes de fureur diuine. La premiere est la fureur Poëtique. La seconde est la

Des quatre especes de fureur diuine, ou éleuation d'esprit.

Aa iiij

Mysteriale, c'est à dire la Sacerdotale. La tierce est la Deuinaison. La quatrieme est l'affection d'Amour. La Poësie depend des Muses: Le Mystere de Bacchus: La Deuinaison de Apollon: & l'Amour de Venus. Certainement l'ame ne peult retorner à l'vnité, si elle ne deuient vnique. Et toutesfois elle est deuenüe multiple, parce qu'elle est tombee au corps, distraite en diuerses operations, & inclinee à l'infinie multitude des choses corporelles. Et pourtant ses parties superieures sont presque endormies, les inferieures surmontent les autres : les premieres sont pleines de sommeil, les secondes de perturbatiõ. En somme, toute l'ame est grosse de discorde & dissonance. Donques il nous est besoing principalement de la fureur Poëtique, laquelle par tons Musicaux eueille les parties qui dorment : par la doulceur harmonique adoulcisse celles qui sont troublees : & finalement par la consonance de choses diuerses chasse la dissonante discorde, & tempere les variables parties de l'ame. Toutesfois cela ne suffist pas encores, parce que reste encor en l'ame multitude & diuersité de choses. Donques il y fault adiouster le mystere appartenāt à Bacchus lequel par sacrifices, purgations, & toute sorte de seruice diuin dresse l'intention de toutes les parties à la Pensee, auec laquelle Dieu s'adore. Dont estant chascune partie de l'ame reduite à la Pensee, lors se peut dire l'ame estre faicte vn certain Tout de plusieurs. Outreplus il est besoing de la tierce fureur, laquelle reduit la Pensee à ceste vnité, qui est chef de l'ame. Ce qu'Apollon accomplit par la Deuinaison; car quand l'ame sur l'entendement s'esleue à l'vnité de la Pésee, elle preuoit les choses auenir. Finalement depuis que l'ame est faite vn (c'est vn ie dy lequel est en la mesme nature & essence de l'ame) reste que soudain elle se reduise à l'vn qui habite sur l'essence, c'est à dire à Dieu. Ce grand don nous eslargit la Celeste Venus, par le moyen de l'Amour, c'est à dire, moyennant le desir de la Beauté diuine, & moyennant l'ardeur du Bien. Doncques la premiere fureur tempere les choses mal agencees & dissonantes. La seconde fait que les choses temperees de plusieurs parties deuiennét en vn Tout. La tierce fait vn Tout sur les parties. La quatrieme reduit à l'vn, lequel est sur l'essence, & sur le Tout. Platon au Fedre appelle la Pésee addonnee aux choses diuines, Charton en l'Ame, qui veult dire Guidon du

Mystere de la Mercayah c'est à dire du cheriot diuin dont traite Ezechiel.

Char de l'Ame. Il appelle l'vnité de de l'ame Chef du Cocher. Il nomme la raison & l'opinion qui discourt par les choses naturelles, le bon cheual: la fantasie confuse, & l'appetit des sens, il le nomme le mauuais ou le noir cheual. Et appelle la nature de toute l'ame Chariot ou Coche: parce que le mouuement de l'ame, presque comme circulaire commeçant de soy, en soy retorne. Où sa consideration venant de l'ame, en l'ame se reploye. Il attribue deux aisles à l'Ame, auec lesquelles elle vole aux choses sublimes. D'icelles nous estimons l'vne estre la Recherche, auec laquelle Pensee s'efforce continuellement à la verité: l'autre aisle, est le desir du bien, par lequel nostre volonté est tousiours ardente. Ces parties de l'ame perdét leur ordre, quãd par la perturbation du corps elles se cōfondét. La premiere fureur diſtingue le bó Cheual, c'eſt à dire, la raiſon & opinion du mauuais cheual, c'eſt à dire de la fantaſie cōfuſe, & de l'appetit des ſens. La ſecóde ſoumet le Cheual maling au bó, & ſoumet le bó au Cocher, c'eſt à dire à la Penſee. La tierce dreſſe le Cocher à ſō chef, c'eſt à dire à l'vnité, laquelle eſt la cime de la Penſee. La derniere tourne le chef du Cocher deuers le chef de l'vniuers. Là où le Cocher eſt bien heureux, & là elle attache les Cheuaulx à l'auge ou mangeoire, c'eſt à dire à la diuine Beauté, ce qui ſe doibt entédre, qu'elle accommode toutes les parties de l'ame à ſoy ſubiectes. Et met deuant eux l'ambroſie à menger & le Nectar à boire, c'eſt à dire leur preſente la viſion de la Beauté diuine, & par le moyē de la viſion la ioye. Ce ſont les œuures des quatre fureurs, desquelles Platon dispute generalement au Fedre : & propremēt de la fureur Poëtique, au Dialogue intitulé Io: & de la fureur Amoureuse au Bāquet. Orfee fut agité de toutes ces fureurs, dequoy ses liures portent tesmoignage. Mais de la fureur Amoureuse par dessus les autres specialement furent rauis Safon, Anacreon, & Socrate.

DE TOVTES LES FVREVRS diuines l'Amour est la plus noble.

CHAP. 15.

DE toutes ces fureurs la plus puissante & plus excellente est l'Amour. Ie dy puissante, par-ce que toutes les autres ont necessairemēt besoing de luy: Car noŭs ne pouuons obtenir Poësie, Mysteres, Deuinaison sans estude diligente, ardente Pieté, & continuel seruice de Dieu. Or estude, pieté, & adoration ou diuin seruice n'est autre chose qu'Amour. Doncq toutes les fureurs consistent par la puissance d'Amour. L'Amour est aussi tres-excellent, parce qu'à iceluy cõme à la fin, les autres trois fureurs se rapportent. Et cestuy prochainement nous accouple auec Dieu. Mais il y a quatre affections faulses & peruerses, lesquelles cõtrefont ces quatre fureurs: La fureur Poëtique est contrefaite de la Musique vulgaire, laquelle chatouille seulement les oreilles. La fureur Mysterialle c'est à dire des sacrifices, est contrefaite de la vaine superstition du populace. La fureur Profetique, est cõtrefaite de la fallacieuse cõiecture de l'art humain Celle d'Amour, de l'impetuosité du plaisir charnel. Le vray Amour n'est autre chose qu'vn certain effort de voler à la diuine beauté, excité en nous par le regard de la beauté corporelle. L'Amour faux & peruers, est vne cheute de la veuë au touchemét.

COMBIEN EST VTILE le vray Amoureux.

CHAP. 16.

Vovs me demādez à quoy est vtile l'Amour Socratique : Ie vous repon : que premierement il est vtile à soy-mesme pour recouurer les ailes auec lesquelles il s'en puisse reuoler en son païs. En outre il est vtile souuerainement en son païs pour acquerir l'honneste & heureuse vie. La cité n'est pas faite de pierres, mais d'hommes. Les hommes se doyuent labourer & dresser comme les arbres quād elles sont tendres, pour les induire à

produire fruits. La cure & le soing des petits enfans consiste en ceux de leur maison. Et depuis qu'ils sont creuz ils outrepassent les loix & coustumes receües en la maison par l'inique & deprauee vsance de ceux qui leur rient au visage. Or dictes-moy que fera icy nostre Socrate? Permettra-il que par l'vsance & coustume des hommes lascifs la ieunesse soit corrumpue? laquelle est la pepiniere de la Republique, qui de nouueau germe chascun iour? Mais s'il permet cela, ou demeurera la charité de la patrie? Doncques Socrate donnera secours à la patrie, & les enfans d'icelle, qui sont ses freres, deliurera de pestilence. En quelle maniere fera-il cela? parauenture qu'il escrira nouvelles loix, par lesquelles il separera les hommes lascifs & debauchez de la conuersation & familiere hantise des
ieunes

ieunes gents. Mais nous ne pouuons pas eſtre tous Licurgues, ou Solons. A peu d'hommes eſt concedee l'authorité de faire loix. Bien peu aux loix dõnees portent obeiſſance. Que fera doncq Socrate? eſtimons-nous qu'il vſe de voye de fait & de force? ou qu'auec main miſe il chaſſe les deshõneſtes vieillards d'auec les plus ieunes? Mais on dit que le ſeul Hercule a peu combatre aueques les beſtes ſauuages & monſtrueuſes. Ceſte violéce eſt fort perilleuſe aux autres. Parauenture il y aura vne autre façõ de proceder, qui ſera que Socrate admonneſte, reprenne, & morde les hommes ſcelerez. Mais l'ame troublee mepriſe les propos de celuy qui l'admonneſte. Et voicy qu'il y a pis, c'eſt que ſouuent elle met la main à l'admonneſtant. Et pourtant Socrate eſprouuant pour vn temps ceſte ma-

Bb

niere de proceder, fut frapé de l'vn à coups de poing, de l'autre à coups de pied. Il reste à la ieunesse vne seule voye de son salut: c'est la conuersatió de Socrate auec elle. Pour ceste cause ce Filosofe par l'oracle d'Apolló iugé le plus sage de tous les Grecz, meu de charité enuers la Patrie, se mesloit & hantoit familiairement auec les ieunes hómes par toute la Cité. Ainsi le vray Amoureux defend la ieunesse des faulx Amants, nó autremét que le diligét pasteur defend le troupeau des agneaux innocents de la gueule des loups gloute & pestilencieuse. Et d'autant que les pareils hátent facilemét aueques leurs pareils, Socrate se faisoit pareil aux plus ieunes aueques mots plaisants, simplicité de paroles, & purité de vie: & se faisoit soymesme de vieillard enfant, afin que par la domestique & ioyeuse familiarité il peust quelquesfois des enfans faire des hommes vieux & sages. La ieunesse estant inclinee à la volupté, ne se peut prendre sinon auec l'amorse du plaisir, par-ce qu'elle fuit les maistres durs & seueres. A ceste cause cestuy nostre tuteur & gardain de l'adolescence, mesprisant pour le salut de la patrie tous ses propres affaires, print du tout sur soy la cure des ieunes hommes. Et premièrement les amorse auecques vne certaine doulceur de plaisant & ioyeux entregét. Apres les auoir ainsi amorsez, il les amonneste vn peu plus grauement. En fin il les reprend auec façons plus seueres. Si bien qu'en ceste sorte il regaigna Fedon ieune homme debauché au lieu deshonneste public en Athenes, & l'ostant de telle calamité en feist vn digne Filosofe. Il contreignit nostre Platon, lequel se-

Bb ij

stoit perdu en fables Poëtiques, de ietter au feu ses vers, & suyure les estudes plus precieux, desquels chacun iour nous goustons les fruicts. Il ramena Xenofon d'vne sur-abódance vulgaire à la sobrieté des sages. Esschine & Aristippe de pauures il les feist deuenir riches: Fedre d'Orateur, Filosofe: Alcibiade d'ignorant, tresdocte. Carmide graue & pudique: Theages iuste & fort defenseur de la patrie. Il feist passer Eutideme & Memnon des fallacieux arguments des Sofistes à la vraye sapience. Dont auint que combien que la coustume & vsance de Socrate fust ioyeuse & gaye sur toutes autres, si est-ce qu'elle estoit encores beaucoup plus vtile que plaisante. Et selon que tesmoigne Alcibiade, Socrate fut beaucoup plus aimé des ieunes hommes, qu'il n'en aima aucun d'eux.

EN QVELLE MANIERE ON DOIBT
rendre graces au sainct Esprit qui nous à illuminez
& embrasez à disputer D'Amour.

CHAP. 18.

IVSQVES icy, ô tresbős Conuiez, nous auons assez heureusement trouué que c'est qu'Amour, quel est le vray Amant, combien est grãde l'vtilité du vray Amoureux, premieremẽt par voz disputes, & depuis par la miéne. Dites moy qui est l'autheur, qui est le maistre de ceste inuẽtion tant heureuse? sçachez que c'est le mesme Amour cause de le trouuer, lequel de nous a esté icy trouué. Car noꝰ embrasez d'Amour de trouuer l'Amour, nous auons cherché & trouué l'Amour. De sorte qu'à luy mesme il conuient rapporter la grace de chercher, & de trouuer. O admirable magnificence de ce Dieu

Bb iij

Amour! O Benignité de luy sans cṍparaison aucune! Les autres esprits celestes finalement apres longue recherche à peine se monstrent vn peu à nous. Mais l'Amour se fait à nous present premierement que nous veniṍs à le chercher. Pour ceste cause il semble aux hommes, qu'ils sont plus obligez à cestuy, qu'aux autres Celestes. Il s'en trouue aucuns qui ont la hardiesse de blasphemer la puissance Diuine, parce qu'elle foudroye noz pechez. Il s'en trouue d'autres qui ont en hayne la Sapience de Dieu, laquelle en despit de nous void toutes noz meschancetez. Mais il n'y a nul qui ne puisse n'aymer l'Amour diuin, parce qu'il est le liberal donneur de tous nos biẽs. Parquoy, mes amis, adorons de telle sorte ce diuin Amour, lequel nous est si bening &

fauorable, que nous venerions la Sapience, & aueques admiration creignions la Puiſſance. Afin que moyēnant l'Amour nous ayons toute la Diuinité propice & ſecourable. Et l'aymant toute auec affection d'Amour, par amour auſſi nous puiſſiõs iouïr d'icelle toute.

F I N.

A LA SERENISSIME
Royne de Navarre.

ELEGIE.

O N conte pour certain, ô Royne à tout biẽ nee,
Que lors que les flambeaux du Nocier Hymenee
Flamberent aux rayõs des lãpes de la nuit
Afin qu'à leur clarté au tẽple fust cõduit
Le doux Harpeur Orfee, & ioint par bon indice
Et d'vn chaste lien à sa chere Euridice:
Que les bestes des champs, & les fieres des bois,
Et les oiseaux diuers qui decoupent leurs voix
Tascherent à l'enuy, & d'vn desir honneste
A qui de plus beaux dons pourroit orner la feste
De leur chantre sacré: donques se recordans
De l'Antre, où leur Orfee à ses tons accordans
Les auoit attirez, chacun d'eux y apporte
Des plus rares thresors que chasque terroir porte.
De Caucase le mont les Lynx à l'œil fatal
Luy apporterent là les glaces de crystal:
Et les Grifons volans des froids Hyperborees
Apporterent le poids des richesses dorees:

Les Pigeons de Cypris par le vague de l'Air
 Singlans à tire d'aile y laissent deualler
 Ghirlandes & chapeaux tissus de lis & roses
 Aux vergers d'Amathonte au parauant écloses.
De la riue du Pau le Cygne au chant apris
 Y apporta l'honneur de l'ambre de haut pris:
 Et repassans le Nil les Pigméennes Grues,
 Qu'en triangle lon void se suiure dans les nues
Cueillirent meinte perle, & meints thresors vitrez
Dans les huitres éclos aux sablons Erythrez:
 Et l'vnique Phenix luymesme y vint encore
 Volant du Paradis qui est dessous l'Aurore,
 En ses serres portant la canelle & l'encens
 Et Sabeens parfums qui flairent doux aux sens.
Bref il n'y eut oyseau, ny doulce ou fiere beste
 Qui de quelque present n'honorast ceste feste,
 Et qui ne recognust auec precieux dons
 Le merite & le prix des Lyriques fredons.
Lors des biens & thresors qu'on trouue sur la crope
 Du regne d'Helicon, la Royne Calliope
 Alloit ornant sa Bru, & en propos loyaux
 Luy assignoit son dot en bagues & ioyaux:
Voire mesme osa bien auec humble priere
Aux noces inuiter du hault Ciel l'Emperiere:
 Et la Royne des Dieux, la Deesse Iunon,
 En l'honneur de la Mere, & en faueur du nom
 Du Poëte diuin, d'ornemens estofee
 Ne dedaigna d'aller à la feste d'Orfee,
 Qui auoit tant de fois entouré ses autels
 Chantant sa Maiesté en hymnes immortels,

  Et celebrant les faits, la vaillance, & la gloire
  Dont son puissant mary remporta la victoire
  Aux combats Phlegreans, quand il ietta des Cieux
  Les Titans serpenpiez par trop audacieux.
Donc ell' n'eut à dedaing de son degré descendre
  Et au Banquet sacré du Poëte se rendre,
  Enuoyant dans son char auec ses Paons aillez
  Pour ces noces orner, meins dons appareillez,
  Dons qui n'admettent point vne mortelle estime,
  Dons aux seuls Dieux permis d'Olympe sur la cime.
Or ce que feist Innon pour le Chantre des Dieux
  Royne vous le pouuez pour moy faire encor mieux,
  Et me rendre le Roy, & Monseignèur propices
  Voz freres bien-aymez, si que sous leurs auspices
  Leur nom & leur faueur, me puisse disposer
  Pour celebrer leurs faicts, vne Muse espouser:
  Vne Muse qui soit à chanter bien apprise
  Leur gloire, leur haut nom, & victoire promise
  Contre leurs ennemis, tout ainsi qu'autrefois
  Elle a chanté l'honneur des anciens Gaulois,
  Et les beaux ornemens, & remarques des Gaules
  Dont Dieu leur a commis le fais sur les épaules:
  Oeuure qui n'est d'vn iour, ny d'vn mois ny d'vn an,
  Et où sont racourcis, tout ainsi qu'en vn plan,
  Et la Terre & les Cieux, les Mers auec les Isles,
  Et meints beaux monumens de nos peuples & villes:
  Oeuure qui a esté sur la presse & le tour
  Lequel cet an nouueau i'ay fait sortir au iour,
  Et comme il est sacré par ma Muse loyalle
  Humble l'ay presenté à sa grand'eur Royalle.

Madame, il vous a pleu, sans auoir merité,
Vne telle faueur de vostre Maiesté
Me seruir d'auocate, & prendre en main l'affaire
De moy vostre seruant vers Monsieur vostre frere,
Mon grand Duc, mon Cesar, & mon Alcide heureux,
Des Princes l'ornement, le parangon des Preux,
Auquel ia de long temps par vne sainte enuie
Mon seruice ay voüé, & ma Muse, & ma vie :
Or par vostre moyen mon fait s'est auancé,
Ainsi soit-il parfait qu'il est bien commencé.
Que si de vous ma Muse est en grace receuë,
Sans doute ie suis seur qu'elle aura bonne issue
De ce qu'elle pretend, & pour mieux composer
Apres tant de trauaux se pourra reposer.
Le nom que vous portez, ô l'honneur des Charites,
O la Perle & la fleur des nobles Marguerites!
A cela de fatal des Cieux authorisé
Qu'il a tousiours chery, & bien fauorisé
Les Poëtes bien-nez, & tous les esprits rares
Qui sont plus de sçauoir, que de richesse, auares.
MARGVERITE qui tint le sceptre Nauarrois
Ainsi que vous, Madame, espouse & seur de Rois,
En son viuant chassa le malheur & souffrance
Des hommes vertueux, & bons esprits de France :
Et telle qu'auiourd'huy la France & le Piémont
Pleure, pleint, & gemit de meint soupir profond,
Fut l'vnique support, appuy seur, & retraite
Des lettres, des vertus, de tout gentil Poëte
A elle dedié pour chanter ses honneurs,
Et les chantant gaigner le prix des bons sonneurs.

Ores vous nous restez la tierce MARGVERITE,
Des Muses fleur vnique, & la Perle d'elite,
Encerclant en vn tour leur Coronne à trois rangs,
Et le triple ornement de leurs noms trois fois grands:
Si que dire pouuez, DE VERTVS AY MA
 GLOIRE
Ainsi que la premiere: & grauer pour memoire
Dessous vostre pourtrait orné de raiz pointus,
C'est mon pourtraict, ROYAL IMAGE DE
 VERTVS.
Car celle de Piémont, Minerue de son age,
Fut vrayment de vertus digne & Royal image
Comme vous pouuez estre, & sur le front loyal
Rapporter des vertus l'image en tout Royal:
Et à ses deux beaux noms adioustant l'excellence
Du sainct Amour qui va voler en euidence
Sous vostre aueu & nom, prendrez ce beau Retour
GISE dedans mon Cueur LA VERITE
 D'AMOVR.
Adonc Amour qui sonne en la langue premiere
Ou LA MERE DV FEV, ou MERE DE
 LVMIERE,
De ce doux feu diuin en vostre cueur gisant,
Et des raiz de lumiere en vostre chef luisant,
Vous rauissant à soy aueques ses deux ailes
Vous guindera la haut au rang des immortelles
Dans le Ciel Empyree, où est le vray seiour
De ce grãd Dieu qui est l'Amãt, l'Aymé, l'Amour,
Auquel vostre cueur soit vne Tente sacree
Où tousiours il se loge, & tousiours se recree:

Puißiez vous à iamais auoir l'heur de ce nom
Vous que i'inuoque icy pour Minerue & Iunon.
　Ie ne demande pas, ie n'aspire, ny baye.
D'epouser maintenant Euesché, ny Abbaye,
Bien que i'ose asseurer sous vostre authorité
Que mes labeurs sont tels, qu'ils ont bien merité
Quelque honneste guerdon au iugement des Maistres
Lesquels ont supporté quelque trauail des lettres.
　Mais bien ie vous supply de procurer pour moy
Vers mon Prince au beau nom, LOY D'VN CE-
SAR SA FOY,
Qu'il luy plaise me voir de son œil fauorable
Ramenant FEV VIRGILE en clarté desirable
Hors l'ombre de la mort, & luy mettre en la main
Le rameau d'or qui peut rompre l'ire inhumain
Du Prince des enfers, duquel mon grand Alcide
Doit estre seul vainqueur, & l'vnique subside
D'Euridice & d'Orfee, heureux à ceste fois
Rompant le vieil decret des infernalles lois.
　Ia dix ans sont passez depuis que mon Genie
Me guida pour entrer en la maison benie
De mon Alcide heureux, qui en ses ieunes ans
Se delectoit d'ouyr mes Cantiques plaisans
Chantez à son honneur, & les secrets que lie
Et ma FIGVRE ELVE, & ma ronde Encyclie:
　Depuis ie n'ay cessé ny de iour ny de nuit
Donnant lustre à mes vers, d'orner son nom qui luit
Ainsi que le Soleil: mais il fault que i'accuse
Ma disgrace & malheur, ou celuy de la Muse
Qui n'a iamais permis qu'vn Prince tant humain

M'ait fait sentir combien liberalle est sa main,
Encor que plusieurs fois il m'ait daigné promettre
Me faire voir que vault de seruir vn bon Maistre.
Mais puis qu'il vous a pleu me faire tant d'honneur
De chasser ma disgrace auec vostre bon-heur,
I'espere que i'auray le bien dont son Altesse
Vous a fait en mon nom, de sa grace, promesse.
Adonc mieux que iamais sur mon Luth bien tendu
Ie feray resonner son renom entendu
Aux quatre pars du monde, & feray tant encore
Que le vostre on orra d'icy iusqu'à l'Aurore
Et à la rouge Mer, voire au terroir ardent
Des Roines de Saba, confessant qu'Occident
Est maintenant orné de telle Marguerite,
Que l'Orient n'a rien qui sa valeur merite.

L'VN GVIDE ORFEE.

Imprimé à Paris par Iean le Blanc,
le ieune, Imprimeur.

www.ingramcontent.com/pod-product-compliance
Lightning Source LLC
Chambersburg PA
CBHW071854230426
43671CB00010B/1341